事例解説 境界紛争

解決への道しるべ

大阪土地家屋調査士会
「境界問題相談センターおおさか」編

日本加除出版

発刊にあたって

　今般，「境界問題相談センターおおさか」では「新人弁護士とベテラン土地家屋調査士による対話式土地境界に係る紛争解決への道しるべ」として，弁護士・土地家屋調査士が，境界紛争の相談を受けるにあたっての初動のあり方，筆界と所有権界の相違，境界資料の収集と分析技法・事件内容と手続選択・筆界特定手続の利用・境界訴訟と特徴・ADRの活用という各セクションにおける留意点を丁寧に解説した紛争解決の実務参考書として発刊することに致しました。

　土地の境界をめぐる紛争を解決するには，公図の性質，土地の来歴など土地制度と歴史的沿革の理解，登記制度といった専門的な知識が不可欠です。また，紛争の実態としては単に公法上の境界の位置だけを争うものだけではありません。筆界特定手続で登記官の認識が示されても未だ不服が残り境界杭の設置ができない，あるいは越境物の撤去など民事に関する争いが未解決のまま潜在していることが多くあります。そこで，これらの筆界に起因する民事に関する紛争の解決を図るためには，私たち専門家が関与する調査士型ADRと筆界特定手続との連携は非常に重要なことであると考えています。

　「境界問題相談センターおおさか」は大阪弁護士会との協働による民間紛争解決機関として早や13年の月日が経過しました。調停受理件数は決して多くはないものの質的には成熟し，相談・調停において一定の成果をあげ，土地の境界問題に紛争を抱えている市民の解決支援をする機関として歩んでまいりました。昨年からは連携の一つとして，筆界特定後の杭入れ調停―簡易調停―が行われるようになりました。具体的には大阪法務局筆界特定室で筆界特定後の境界杭の設置についての案内がされています。

　土地の境界紛争は三代続くと言われており，紛争当事者のいずれもが自分の主張は正しい，正義だと信じています。だからこそ相手方の主張が許

i

せない。単に土地の範囲を争うだけのものではありません。紛争当事者の
いずれもが早期解決と隣人との良好な関係を望んでいます。一旦紛争が生
じると，感情的対立が激しくなり，人格非難にも発展してしまうのです。

　本書は，「境界問題相談センターおおさか」実務担当者により執筆編集
されたものであり，できる限り実務に近い内容となっています。初心者を
対象として執筆されたものではありますが，ベテランの方にも有用な内容
となっており，土地境界紛争事件を扱う方々の基本参考書としてご利用い
ただければ幸いです。

　本書の執筆編集にあたってご尽力された「境界問題相談センターおおさ
か」図書編集委員会の大阪弁護士会弁護士編集委員と大阪土地家屋調査士
会編集委員に対し，心から謝意を表し，本書発刊にあたってのご挨拶とさ
せていただきます。

　平成28年３月

大阪土地家屋調査士会

会長　加藤　幸男

編集・執筆者一覧

編　集
大阪土地家屋調査士会「境界問題相談センターおおさか」

執　筆
「境界問題相談センターおおさか」図書編集委員会

委員長　中村吉男（弁護士）　　山脇優子（土地家屋調査士）

　　　　井上卓哉（弁護士）　　吉田栄江（土地家屋調査士）

　　　　岡崎倫子（弁護士）　　辻田智博（土地家屋調査士）

　　　　板野充倫（弁護士）　　西田　寛（土地家屋調査士）

　　　　志和謙祐（弁護士）　　中山高良（土地家屋調査士）

参考文献

寳金敏明「境界の理論と実務」（日本加除出版，平成21年）

寳金敏明「境界確定の法理と登記実務」登記情報427号～431号（民事法情報センター）

寳金敏明「4訂版　里道・水路・海浜」（ぎょうせい，平成21年）

藤原勇喜「公図の研究　5訂版」（朝陽会，平成18年）

新井克美「公図と境界」（テイハン，平成17年）

佐藤甚次郎「公図　読図の基礎」（古今書院，平成8年）

友次英樹「増補版　土地台帳の沿革と読み方」（日本加除出版，平成19年）

新谷正夫＝川島一郎「改訂　土地家屋台帳法解説」（テイハン，平成7年（復刊））

清水響編著「一問一答　不動産登記法等一部改正法　筆界特定」（商事法務，平成18年）

清水響「筆界特定制度について」登記研究704号（テイハン）

芝井克英「筆界の認定をめぐる諸問題」法務研究報告書93集1号（法務総合研究所）

石川和雄「官民境界確定訴訟における実務上の諸問題」法務研究報告書77集5号（法務総合研究所）

森崎英二「筆界確定訴訟と筆界特定制度」ジュリスト1372号（有斐閣）

大阪地方裁判所計画審理検討小委員会「訴訟類型に着目した訴訟運営(2)隣接紛争型土地所有権確認訴訟の審理」判例タイムズ1117号（判例タイムズ社）

登記研究編集室編「平成17年不動産登記法等の改正と筆界特定の実務」（テイハン，平成18年）

鈴木仁史「筆界特定完全実務ハンドブック」（日本法令，平成19年）

建設省財産管理研究会編著「公共用財産管理の手引　第2次改訂版」（ぎょうせい，平成7年）

「大阪府都市整備部所管公共用地境界確定事務取扱要綱」（平成27年）

日本土地家屋調査士会連合会編「土地境界基本実務Ⅰ—境界鑑定Ⅰ（基本実務)—」（平成14年）

大阪土地家屋調査士会編「境界鑑定マニュアル」（平成9年）

大阪土地家屋調査士会編「土地の境界と境界標識」（平成13年）

内堀宏達「ADR認証制度Q＆A」（商事法務，平成18年）

目　　次

第1章｜初　動 ……………………………………………………………… *1*

【事例編】 ——————————————————————————————— *1*

【解説編】 ——————————————————————————————— *4*

　　1　境界紛争の相談を受けるにあたって　*4*

　　2　初回打合せに向けての準備　*6*

　　コラム——土地家屋調査士の矜恃　*8*

第2章｜境界紛争の特徴 ………………………………………………… *9*

【事例編】 ——————————————————————————————— *9*

【解説編】 ——————————————————————————————— *15*

　　1　境界，筆界，所有権界について　*15*

　　2　境界をめぐる紛争について　*18*

　　コラム——公共用地（里道・水路）境界確定事務における筆界と
　　　　　　　所有権界　*20*

　　コラム——公図とは　*23*

第3章｜資料の集め方 …………………………………………………… *25*

　第1　登記所調査 ————————————————————————— *25*

【事例編】 ——————————————————————————————— *25*

【解説編】 ——————————————————————————————— *38*

　　1　法務局と登記所　*38*

v

2 登記情報提供サービス *38*

3 地番の確認方法 *39*

4 証明書発行請求機 *39*

5 地図・地図に準ずる図面 *39*

6 地積測量図と分筆申告書添付図面 *40*

7 図面の「証明書（写しの交付）」と「閲覧」の違い *41*

8 登記記録 *41*

9 閉鎖登記簿 *41*

10 土地台帳 *42*

11 登記記録の「証明書（写しの交付）」と「閲覧」の違い *42*

第2 市役所調査 ———————————————— *44*

【事例編】 ———————————————————— *44*

【解説編】 ———————————————————— *46*

1 官民境界資料 *46*

2 地番図 *46*

3 換地確定図 *46*

4 空中写真 *47*

第3 現地調査 ———————————————————— *48*

【事例編】 ———————————————————— *48*

【解説編】 ———————————————————— *49*

1 現地調査 *49*

2 境界標識の種類 *49*

コラム──公図の沿革 *51*

コラム──地積測量図について〜大阪の事情を中心に〜 *52*

vi

目　次

第*4*章｜資料の読み方 ·················· 55

第1　資料の検討 ························ 55

【事例編】 ···························· 55

   1　登記記録，閉鎖登記簿　*56*

   2　土地台帳　*58*

   3　公　図　*61*

   4　分筆申告書添付図面　*64*

   5　筆界の確認と登記手続　*66*

   6　公共用地との境界明示書と明示図　*68*

   7　その他の資料　*70*

【解説編】 ···························· 71

   1　資料の見方の基本　*71*

   2　筆界創設事由による資料の見方　*71*

   3　主な資料　*72*

第2　測量結果の検討 ···················· 76

【事例編】 ···························· 76

   1　現況平面図　*76*

   2　地積と求積図　*78*

   3　空中写真　*79*

【解説編】 ···························· 81

   主な資料（つづき）　*81*

コラム――資料を総合して分かること～登記記録，閉鎖登記簿，
　　　　土地台帳の利用～　*83*

コラム――QGISの活用　*84*

vii

コラム──公図の利用～登記記録，閉鎖土地登記簿，土地台帳とともに～　*85*

第**5**章 | 手続選択 ……………………………………………………… *87*

【事例編】 ──────────────────────────────── *87*

　　1　境界確定（筆界確定）訴訟　*89*

　　2　筆界特定制度　*90*

　　3　所有権確認訴訟＋所有権移転登記請求訴訟　*92*

　　4　調査士会ADR　*94*

　　5　手続選択にあたって考慮すべき視点　*96*

【解説編】 ──────────────────────────────── *99*

　　1　境界確定（筆界確定）訴訟　*99*

　　2　筆界特定制度　*100*

　　3　所有権確認訴訟＋所有権移転登記請求訴訟　*102*

　　4　調査士会ADR　*103*

　　5　手続選択にあたって考慮すべき視点　*105*

第**6**章 | 筆界特定制度 ……………………………………………… *111*

第1　筆界特定の申請の通知 ───────────────────── *111*

【事例編】 ──────────────────────────────── *111*

【解説編】 ──────────────────────────────── *118*

　　1　筆界特定制度とは　*118*

　　2　筆界特定制度の意義　*119*

　　3　筆界特定制度の特徴　*119*

　　4　筆界調査委員　*120*

　　5　筆界特定制度で使われる専門用語　*120*

　　6　筆界特定申請にかかる費用　*121*

viii

目　次

　　7　標準処理期間　*124*

　　8　筆界特定手続の流れ（フロー図）　*125*

第2　意見書の閲覧と実地調査———————————*126*

【事例編】———————————————————*126*

【解説編】———————————————————*127*

　　1　意見書及び資料　*127*

　　2　意見書及び資料提出にあたり明らかにすべき事項　*127*

　　3　意見や資料の閲覧　*130*

　　4　実地調査　*130*

第3　意見聴取等期日から筆界特定———————*131*

【事例編】———————————————————*131*

【解説編】———————————————————*134*

　　1　意見聴取等の期日　*134*

　　2　筆界特定　*135*

　　3　筆界特定後の筆界特定手続記録の閲覧　*136*

　コラム──関係人からの一言　*137*

　コラム──筆界調査委員は何を見ているか　*139*

第7章│訴　訟 ·······························*141*

第1　筆界確定訴訟の法的性質———————————*141*

【事例編】———————————————————*141*

【解説編】———————————————————*143*

　　1　筆界確定訴訟の意義　*143*

　　2　筆界確定訴訟の法的性質　*144*

ix

3 筆界確定訴訟の特徴 *145*

4 筆界確定訴訟と筆界特定制度との関係 *146*

第2 筆界確定訴訟の提起と審理 ———————————— 149

【事例編】 ———————————————————————— 149

【解説編】 ———————————————————————— 152

筆界確定訴訟の提起 ———————————————— 152

1 訴訟要件 *152*

2 当事者適格 *153*

3 管　轄 *153*

4 訴　額 *154*

5 訴状作成上の注意点 *154*

6 反　訴 *155*

筆界確定訴訟の審理 ———————————————— 156

1 処分権主義及び弁論主義の制限 *156*

2 主張，立証 *156*

3 鑑　定 *157*

4 検証，又は現地見分 *158*

5 職権証拠調べ *159*

6 専門委員の関与 *160*

7 筆界特定手続の利用 *160*

第3 所有権の範囲の確認訴訟 ———————————————— 161

【事例編】 ———————————————————————— 161

【解説編】 ———————————————————————— 165

1 必要性 *165*

2 性　質 *166*

3 訴訟の提起時期 *166*

4　審理，主張立証　*168*

　　5　所有権移転登記請求の必要性　*168*

第4　筆界確定訴訟における訴訟上の和解———————*169*

【事例編】————————————————————————*169*

【解説編】————————————————————————*171*

　　1　訴訟上の和解の可否　*171*

　　2　調　停　*171*

第5　判決その他——————————————————————*173*

【事例編】————————————————————————*173*

【解説編】————————————————————————*174*

判　決——————————————————————————*174*

　　1　実質判決の必要性　*174*

　　2　判決の主文及び判決書添付図面　*174*

　　3　判決の効力　*175*

控　訴——————————————————————————*176*

　　1　控訴の利益　*176*

　　2　控訴審判決における不利益変更禁止の原則の不適用　*176*

訴訟後の処理————————————————————————*177*

　　1　登記への反映　*177*

　　2　境界標の設置　*178*

　　コラム──測量鑑定　*179*

xi

第 *8* 章 | ADR ·· 183

第1 ADRとは何か ──────────── 183

【事例編】──────────────── 183

【解説編】──────────────── 185

1 ADRの定義 *185*

2 ADRの特徴 *186*

3 ADRで行い得ること *186*

4 認証ADRについて *187*

5 ADRの課題 *188*

第2 土地家屋調査士会によるADR ─────── 189

【事例編】──────────────── 189

【解説編】──────────────── 190

1 土地家屋調査士会が実施するADR *190*

2 調査士会ADRの特徴 *190*

3 認定土地家屋調査士について *190*

4 調査士会以外のADR機関について *191*

5 境界問題相談センターおおさかとは *192*

6 境界問題相談センターおおさかの歩み *192*

7 手続及び費用の概略 *193*

8 境界問題相談センターおおさかの取組み（簡易調停について） *197*

第3 境界紛争調停申立書について ─────── 200

【事例編】──────────────── 200

【解説編】──────────────── 203

xii

目　次

第4　手続の進め方について ――――――――――――208
【事例編】 ――――――――――――――――――――208
【解説編】 ――――――――――――――――――――209
　　1　手続説明書について　*209*
　　2　調停の進め方　*209*

第5　和解契約書の作成 ――――――――――――――213
【事例編】 ――――――――――――――――――――213
【解説編】 ――――――――――――――――――――215

第6　後日談 ―――――――――――――――――――219
【事例編】 ――――――――――――――――――――219

xiii

初　動

【事例編】

：織田　弁護士　　　：徳川　土地家屋調査士

　今日は，平成27年1月13日火曜日である。
　私は，弁護士登録をして4年目の弁護士織田信子である。昨年独立して自分の事務所を構えたが，弁護士登録をして最初の2年間は，勤務弁護士として，多くの事案を経験してきた。
　しかし，今回，知り合いの税理士から紹介を受けた相談者からの相談は，相談者所有の土地と隣の家の土地の境界を巡る紛争ということである。詳細は明日の相談の際に聞こうと考えているが，正直な話，境界紛争は弁護士になってから1件も経験していない。境界については，司法試験の受験時代に民法と民事訴訟法で少し勉強したものの，実務的なことがわかっていないので，相談者からの質問にまともな回答をできる気がしない……。
　境界紛争については，弁護士会の研修で，当事者が感情的になりやすいという話をしていたことくらいは覚えているが，実際に事案を経験したことがなかったために，あまり頭に入っていない。このような紛争に自分のような若手弁護士が太刀打ちできるのだろうか……。
　そのようなことを考えていると，先日の異業種交流会で名刺交換をした土地家屋調査士の徳川政宗先生が「境界紛争のことなら気軽にご相談ください。」と言っていたことを思い出した。

私は，徳川先生に少し相談に乗ってもらおうと考え，受話器をとった。

織田：私，織田法律事務所の織田信子と申します。徳川先生はいらっしゃいますか。

徳川：はい，私です。織田先生ですか，先日の交流会ではどうもありがとうございました。

織田：こちらこそ，先日はどうもありがとうございました。本日は，徳川先生にご相談させていただきたいことがあって，お電話をさせていただきました。電話で恐縮なのですが，少しご相談に乗っていただけませんか。

徳川：いいですよ。どういったご相談ですか。

織田：明日，境界に関する相談を受けることになっているのですが，私は境界紛争をこれまで扱ったことがなく，打合せでの注意点等あればアドバイスをいただけるとうれしいのですが……。

徳川：私は，土地家屋調査士ですので，弁護士さんの打合せとは内容も資料も変わってくると思いますが，できるだけ，あるものすべてを持ってきてもらったほうがよいと思います。ただ，相談者の話を理解するには，最低限，争いになっている境界及び隣接地が記載されている案内図や，地番がわかる資料は持ってきてもらう必要があると思います。こういった資料が全くないと，誤った事実関係を前提に打合せが進んでしまい，打合せが無駄になってしまうかもしれませんので，そのあたりの資料は必要だと思います。

織田：確かに，案内図と地番がわかる資料は必要ですよね。地番がわかる資料となると，土地の現在事項証明書や固定資産税の納付書が探していただきやすいでしょうか。今日連絡して，それら資料を持ってきてもらえるか確認したいと思います。

第1章　初　動

　　明日の打合せでは，相談者の話をよく聞いて，相談者がどのよ
　うな事情で困っているのか，最終的にどのような解決を求めて
　いるのかを確認したいと思います。
　　もし，相談者から具体的な依頼を受けることになった場合に
　は，徳川先生にもご相談させていただくかもしれません。その
　際は，助けていただけますか。
徳川：もちろんです。ご相談を受けていただいた上で私がお手伝いで
　　　きることがあれば，お手伝いさせていただきますので，ご連絡
　　　ください。
織田：どうもありがとうございます。よろしくお願いします。

　　徳川先生に相談して，少し気が楽になった。まず，徳川先生からは，
境界紛争の相談においては，紛争の中身を理解するために資料，具体
的には案内図や地番がわかる書類を最低限持参してもらうことが重要
であることを教わった。なるほど，紛争が起こっている場所が具体的
にわからなければ，話が正確に理解できないので，案内図と地番がわ
かる資料を持ってきてもらうことが必要であることはよく理解できた。
早速，今から相談者に電話をして，それら資料を明日の打合せで持参
してもらえるか確認してみよう。
　　明日の打合せでは，相談者の話をよく聞いて，相談の趣旨を確認し
て，しっかりアドバイスできるように頑張ろう。依頼を受けることに
なったら，徳川先生と具体的な進め方について相談して進めていきた
いと思う。
　　あと，最初の打合せで気をつけておかないといけないことは……。
そうだ。境界紛争に限らない話だが，打合せ時点で既に緊急性がある
事項があれば，それだけは，明日伝えておく必要がある。
　　時効の完成時期については気にしておく必要がある。また，境界付
近に建物が建設されている事例であれば，建設を差し止める仮処分を

3

行う必要がある。これらに限らず，緊急対応を求められるケースがあるかもしれないので，注意しながら打合せをしなければならない。

　明日の打合せでは，その場で回答できないことが出てくるかもしれないが，相談者の方に信頼してもらえるよう誠実に対応していこう。

【解説編】

1 境界紛争の相談を受けるにあたって

(1) 相談にあたっては，相談者の真意を知ることが重要

　境界紛争に限らず，相談者の真意を知ることは重要であるが，相談者が「境界」という言葉を用いていたとしても，その真意が公法上の境界（筆界）の確定にあるのか，私法上の境界（所有権界）の確定にあるのか，話をよく聞いてみないと判断できないし，そもそも区別できないことがほとんどである（詳細については「第2章　境界紛争の特徴」参照）。

(2) 境界紛争は，1回の相談で判断，解決できないことが多い

　まず，資料の集め方の問題である。公法上の境界（筆界）の位置が問題となる事例においては，原始筆界を判断するために，明治時代の地租改正時の資料，場合によってはそれ以前の資料まで遡って資料を確認しなければならないことがあり，分筆筆界の場合であっても，分筆時期によって，かなり時期を遡って資料を収集して調査し，筆界を特定していく必要がある。また，現地を見に行く必要もある。このような作業を一度に行うことは困難である（詳細については「第3章　資料の集め方」参照）。

　次に，資料の読み方の問題がある。筆界を特定するためには，原始筆界まで遡って考え，当該筆界がその後どのように移ってきたのかについて，公図を始めとする様々な資料を読み解いて，また現地にも赴いて判断する必要がある（詳細については「第4章　資料の読み方」参照）。

4

第1章 初 動

　このような作業を，ふだんから境界紛争に携わることが多く，自信を
持って行うことができる弁護士は多くないため，境界紛争の経験が乏しい
多くの弁護士が単独で資料を集め，当該資料から境界を導くことは困難を
伴う。

　そこで，境界について精通している土地家屋調査士の協力を得ることが
重要である。相談内容にもよるが，境界紛争を解決する上で土地家屋調査
士の協力を得なければ進めることが困難である場合，相談者との打合せ時
においても，その旨説明しておくことが望ましい。

　なお，土地家屋調査士の協力を得られる事案であっても，弁護士が境界
の知識を全く持たずに受任することが許されるわけではない。弁護士も境
界調査の方法，資料の集め方，資料の読み方について最低限のことは理解
していなければ，土地家屋調査士の協力を得ても，自分自身意味がわから
ないまま代理人としての活動を行うことになってしまい，法的な判断や構
成を考えられない事態に陥る。弁護士が境界紛争に関し，基礎的知識を備
えることが重要であることは言うまでもない。

(3) 感情が先鋭化しやすい

　境界紛争は，その性質上，隣地間で争われるために，境界紛争の当事者
は全く無関係の他人というわけではなく，何代にもわたって蓄積されてき
た隣地所有者への不満（これは境界に関する不満に止まらない。）が噴出する可
能性を秘めている。

　そのため，必ずしも相談者が冷静であるとは限らず，「境界はここに決
まっている。」と一方的に決め付けて相談に来ることもある。このような
場合に，相談に乗る弁護士としては，相談者の訴えに耳を傾けながらも，
法律の専門家として冷静に事実の聞き取りを行い，相談者の訴えがどのよ
うな事実関係を前提になされているものか理解しなければならない。

　境界紛争は，感情が先鋭化しやすい結果，当事者同士の話合いでは解決
できず，裁判所，法務局，ADR機関という第三者が関与する手続に馴染
みやすい性質を有する（そもそも，公法上の境界（筆界）に関しては，当事者の合

5

意で形成できないという特徴もあるので，なおさらである。)。

　裁判所，法務局，ADR機関に対する申立て等の手続については，「第5章　手続選択」以下の各章において解説するが，第三者が関与する手続において相談者が主張するとおりに認定されるか否かは，まさに立証の程度にかかってくるのであり，適切な資料を収集し，資料を適切に読み取り，手続に移行した場合に相談者の主張がどのように判断されるかを見通した上で，進め方を検討する必要がある。

(4) 緊急対応すべきことがあれば，アドバイスする

　境界紛争に限った話ではないが，初回打合せの際に，緊急を要する話が出てくることがある。このような場合，具体的な受任をしていないからといって，何も説明する必要がないわけではない。

　弁護士としては，緊急対応が必要な事情があると判断すれば，その旨相談者にアドバイスすることが必要である。

　例えば，相談者の土地の境界付近に，隣地所有者が建物を建設しようと工事を進めている事例において，建物建築禁止の仮処分を申し立てる場合などがこれにあたる。

2 初回打合せに向けての準備

(1) 相談者は，何を持参してよいか理解できない場合が多い

　相談者は，自らの主張する境界が正しいという思いを有していても，それが資料からどのように裏付けられるか理解できていないことが多い。また，相談者は現地をよく知った上で相談に来るが，弁護士との初回打合せは法律事務所において行われることが多く，現地で行われることは少ないため，弁護士が近隣の状況を理解しながら話をすることは難しい。

　そこで，弁護士としては「関係しそうなものはすべて持ってきてください。」と要求することは重要であるが，相談者としては，単に「関係しそうなもの」と言われても難しいため，それに加え，「特に，案内図と地番

6

第1章 初 動

がわかる資料は，持参いただけると助かります。具体的には，不動産の謄本（現在事項全部証明書），固定資産評価証明書又は固定資産税の納付書などがあれば，お持ちいただければ助かります。」と具体的に伝えると，相談者としては理解がしやすい。

　初回打合せは，相談者の真意を確認することが重要であるが，現地の状況もわからないと，話が抽象的になってしまうため，できれば最低限，案内図と地番を把握した上で話を聞いたほうがよいという趣旨である。

　また，相談者から「他には，具体的にどのようなものがあれば持参した方がよいですか。」と質問された場合にも，ある程度回答できたほうがよい。この点，境界相談を受ける際に必要な資料については，「第3章　資料の集め方」を確認し，その中で必要になりそうなものをアドバイスできればスムーズである。

(2) その他，相談を受ける側の準備

　現在では，インターネットから取得できる情報も多い。例えば，住居表示がわかればストリートビューで現地のイメージを持つこともでき，初回打合せの際も，相談者とイメージを共有して話をすることができる。もちろん，具体的な調査依頼，受任依頼を受けるような場合には，インターネットの情報だけでなく，現地に赴き，直接自らの目で確認することが必須であることは言うまでもない。

7

◆ COLUMN

土地家屋調査士の矜恃

　土地家屋調査士は，時として「測量士さん」と呼ばれて，複雑な思いをすることがある。まだまだ，よく知られていない仕事なのだろう。

　土地家屋調査士は，土地家屋調査士法により，不動産登記に関係する調査測量を行う。土地でいえば，筆界を調査測量し地目や面積などを，建物の場合，種類，構造，床面積を，登記に反映する。

　測量士は，測量法により，基本測量や公共測量を行う。

　制度の違いや，守備範囲の違いというよりも，ここでは，その能力と姿勢，特に筆界にまつわる様々な問題に対する能力と姿勢について述べたい。

　土地家屋調査士ほど，（筆界と所有権界を含めた意味での）境界紛争に深く関わり，まともに向かい合ってきた職はない。今や，境界紛争に関わる，あらゆる場面で活躍している。

　今，最も土地家屋調査士が活躍している場所は，法務局の筆界特定制度の分野である。法務局から，多くの土地家屋調査士が筆界調査委員に任命されている。筆界特定申請も，そのほとんどが，土地家屋調査士が代理人となっている。

　第8章で紹介される，裁判外紛争解決手続の認証を受けた調停機関における活躍は，本文のとおりである。

　裁判所においては，鑑定人，専門委員，調停委員として活躍している。境界確定訴訟において，当事者双方に土地家屋調査士が関わっていることは，いうまでもない。

　土地家屋調査士は，境界の専門家として，誇りとアイデンティティーをもって仕事をしている。「土地家屋調査士」という名が長すぎるようであれば，「調査士」と略して呼んでいただければ幸いに思う。

第2章 境界紛争の特徴

【事例編】

：織田 弁護士　　：徳川 土地家屋調査士

　昨日，相談者である乙山一郎さんと打合せを行った。初めての境界紛争の相談であったが，聞き取った相談の概要としては，以下のような話であった。

　乙山一郎さんは，1番の土地を所有しているが，乙山さん夫婦が高齢になり，息子一家と同居する話となり，1番の土地上に二世帯住宅を建てることになった。

　そこで，乙山さんが依頼した工事業者が，1番の土地と，隣接する3番1の土地との間にフェンスを立てようとした。乙山さんとしては，両土地の境界は，見取図上のCとDを結んだ直線であると考えていたので，その直線のすぐ西側にフェンスを立てようとしたところ，3番1の土地を所有する甲野太郎さんが乙山さん宅に怒鳴り込んできた。

　甲野さん曰く，「1番の土地と3番1の土地の境界は，見取図上のAとBを結んだ直線であり，フェンスがこの直線よりも3番1の土地側に立てられそうになっており，越境していることは明らかである。」ということであった。

　乙山さんとしては，甲野さんが，1番の土地と3番1の土地の境界の問題が確定するまで家の建築をしないように求めてきており，

困っているということであった。

【乙山さん作成の見取図】
・当　方（乙山）の主張線　C－D
・相手方（甲野）の主張線　A－B

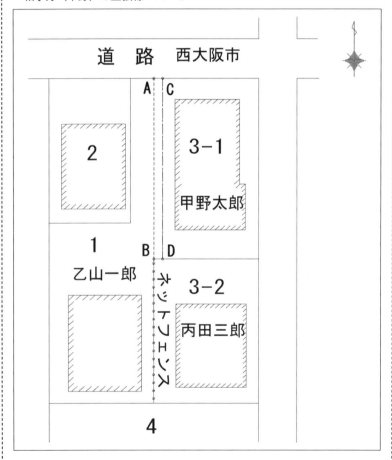

　私は，乙山さんに持参してもらった，見取図，登記事項証明書（登記簿謄本等），固定資産評価証明書を見ながら事実関係を確認した。すると，以下の事情が判明した。

第2章　境界紛争の特徴

　もともと，1番の土地は乙山さんの父親である乙山父郎さんが昭和の時代から所有していたものであるが，乙山父郎さんが平成15年に亡くなったことで，乙山さんが相続した土地であった。

　乙山さんは乙山父郎さんから，平成5年に，見取図上のＡＢＤＣＡで囲まれた土地（以下「係争地」という。）を含め，1番の土地の北東部分に1.5間（約2.73メートル）の幅の通路を作り使用してきたと聞いていた。

　乙山さんは，1番の土地を相続した平成15年以降，乙山父郎さんと同様に1番の土地の北東部分（係争地を含む。）を通路として使用してきた経緯があり，甲野さんが3番1の土地を購入した時点で，甲野さんも当然，そのことは知っていたはずだと考えている。

　なお，甲野さんは，平成23年に，3番1の土地を丁川四郎さんから購入しており，その際に3番1の土地の移転登記を完了している。

　乙山さんは甲野さんに対し，乙山父郎さんが係争地を通路として使用してきた話をしたが，甲野さんは，「前所有者である丁川四郎さんから，乙山父郎さんが係争地に砂利を敷いて通路として使用してきたことは聞いていたが，それは勝手に乙山父郎さんが使用していたにすぎないと聞いている。また，乙山父郎さんが係争地に砂利を敷いて通路として使用し始めた時期も，平成5年ではなく，平成9年ころの話であったと聞いている。」と反論している。

　私は，乙山さんと打合せを行い，上記事情を聞くことはできた。しかし，私は，乙山さんと甲野さんのいずれが主張する境界が実際の境界であるのか，打合せの中で判断することができず，乙山さんに見込みを伝えることができなかった。

　もっとも，「よくわかりません。」で打合せを終えるわけにもいかないので，私は，打合せの中で乙山さんに対し，「今日の打合せで事実関係は理解できました。資料をいただいたばかりですので，精査させ

ていただき，境界を判断する上で必要な書類を整理し，土地家屋調査
士にも相談したいと思います。その上で，改めてご連絡いたしま
す。」と含みを残して打合せを終えた。守秘義務の問題があるので，
土地家屋調査士に資料を見てもらうこと，相談内容を伝えることに了
承をもらった。

　しかし，打合せを終えたものの，どのようにして進めていくもので
あるのか具体的なイメージを持てないままでいたため，徳川先生に相
談してみることにした。

徳川：はい，徳川です。

織田：徳川先生，弁護士の織田です。一昨日は，ご相談に乗っていた
　　　だき，どうもありがとうございました。昨日，相談者に来所し
　　　てもらい，打合せが終了しました。

徳川：そうですか。うまくいきましたか。

織田：徳川先生にアドバイスいただいたとおり，案内図と地番がわか
　　　る資料を持参してもらい，おかげさまで事実関係は一定把握で
　　　きました。しかし，そこからの進め方のイメージが持てないで
　　　います。少し相談に乗っていただくことは可能でしょうか。

徳川：もちろんです。それでは，どのような相談内容であったか教え
　　　ていただくことは可能でしょうか。

織田：（徳川先生が本件と利害関係がないことを確認した上で）相談内容は，
　　　かくかくしかじかです。

徳川：なるほど，よくわかりました。乙山一郎さんと甲野太郎さんと
　　　の間には，「筆界」に争いがあるということですね。

織田：おっしゃるとおりです。徳川先生，質問があるのですが。

徳川：どうされましたか。

織田：はい。今，徳川先生は「筆界」とおっしゃいました。本を読ん
　　　でいますと，「筆界」や「境界」といった言葉が出てきます。

12

第2章　境界紛争の特徴

何となくは理解できるのですが,「筆界」と「境界」という二つの用語は,どのような関係にあるのですか。

徳川：境界という言葉に明確な定義はなかったような気がしますが,境界には「公法上の境界」と「私法上の境界」という概念があります。公法上の境界というのは登記上の境界のことです。これを「筆界」といいます。

　　　それに対し,私法上の境界というのは,土地の所有権の範囲を画する境界を意味しています。よく出てくる例で言えば,紛争地の取得時効が成立した場合,私法上の境界は動きますが,直ちに筆界に影響はありません。この場合,時効取得した範囲の土地について分筆登記をすることで初めて公法上の境界が創設されることになるわけです。

織田：私法上の境界というのは,いわゆる「所有権界」のことですね。ということは,公法上の境界が筆界であり,私法上の境界が所有権界であり,筆界と所有権界を含む概念として境界が存在するということでよいのですか。

徳川：はい,私はそのように理解しています。ただし,同じように「境界」という場合でも,法律によって,また,使われる文脈によっても意味が異なるように思いますので,その都度「境界」が何を意味して使われているか意識しておくことが大切かもしれません。

織田：とてもよくわかりました。私の質問で話がそれてしまいましたが,本論に戻させていただきます。今後の進め方についてアドバイスをいただくことはできますか。

徳川：私は土地家屋調査士という立場ですので,弁護士としての進め方についてアドバイスするというのは正直難しいです。ただし,お聞きしていて感じたのは,1番の土地と3番1の土地の境界,ここでは筆界の意味ですが,筆界については,過去から遡って

13

公図等の資料を集めて調査する必要がありますし，現地調査も当然行う必要があります。

　このような作業をせずに，１番の土地と３番１の土地の境界を調査することもできませんので，このような作業が必要になることを相談者の方にご説明いただいたほうがよいかもしれません。

織田：そうですよね，今の資料だけで境界を判断できるはずがありませんよね。我々が扱う他の案件でも同様に調査をする必要があるケースはあるのですが，初めての境界紛争の相談ということで冷静さを失って焦ってしまいました。

　打合せ後に，本件が境界の問題だけでなく，仮に甲野さんが主張する境界になった場合でも，時効取得も絡む可能性がある事案であることにも気付きました。この点も打合せのときにアドバイスできていません。

　乙山さんには，境界を判断するために様々な調査が必要になることを伝えたいと思います。徳川先生，そうは言っても，私は，どのような資料を集めて，それをどのように読み込んでいくべきなのか，また，現地に行っても何をすればよいのかもよくわかっていません。

　これはご相談なのですが，私とチームを組んで本件に取り組んでいただくことはできませんか。もし，ご了承いただけるようでしたら，相談者の方に土地家屋調査士の先生にも協力いただく必要があることを説明したいと思います。

徳川：私でよろしければ，もちろん協力させていただきます。

織田：どうもありがとうございます。徳川先生が加わってくださったら，百人力です。早速相談者の方に話をしてみます。

14

第2章　境界紛争の特徴

　　私は，早速，乙山さんに電話連絡をし，徳川先生のアドバイスを参
　考に，境界を判断するために資料を集め，分析し，現地にも行く必要
　があることを伝えた。それら作業について徳川先生と協力して対応し
　ていくこと，その場合には徳川先生の費用が必要になることも了解を
　得ることができた。また，打合せ時に説明できていなかった時効取得
　についても簡単に説明をし，追って打合せを入れることを確認し，電
　話を切った。

【解説編】

1 境界，筆界，所有権界について

(1) 公法上の境界と私法上の境界

　「境界」という言葉には，それ自体明確な定義はないが，「公法上の境
界」と「私法上の境界」という概念を含むものとされている。

　公法上の境界は「筆界」といい，１筆の土地とこれに隣接する他の土地
との間において，当該１筆の土地が登記された時にその境を構成するもの
とされた２以上の点及びこれらを結ぶ直線をいう（不動産登記法123条１号）。

　すなわち，公法上の境界（筆界）とは，隣接する，異なる「筆」の境を
意味し，登記所に一つの土地として登記された土地の地図上の範囲を画す
る線である。

　他方，私法上の境界は，「所有権界」といい，隣接する土地の所有権の
範囲を画する境界を意味している。

(2) 公法上の境界 (筆界)

　公法上の境界（筆界）は，明治初期の地租改正事業の過程で人為的に区
画された土地の境界である。

15

地租改正事業では，まず，1筆ごとに所有権を確定し，幕藩体制下において「近代的所有権に最も近い土地支配権」を有していた者に対し，原則として所有権を付与することとされた。これによって所有権が成立することになり，観念的には，この時点で私法上の境界（所有権界）が形成されたと言える。

　他方，明治6年7月の地租改正条例により，地押丈量が実施されることになった。地押丈量とは，個々の土地境界を明確にし，その面積を測量することを意味する。内容としては，①全国の土地を測量し，収穫高を査定して地価を更正し，改正地券を発行する，②地価調査が終了次第，地価の100分の3を地租とするというものであった。これにより，公法上の境界（筆界）が創設され，明治19年8月の登記法施行によって，筆界形成が法制化されることになった。

　このように，公法上の境界（筆界）は，課税という公的な目的のために形成された経緯があるため，私人が合意等によって自由に変更することはできないものとされている（最判昭和42年12月26日民集21巻10号2627頁）。

　あくまで，筆界を変更するためには，分筆又は合筆登記によるか，判決を得る必要がある（不動産登記法39条1項）。また，境界確定（筆界確定）訴訟（第7章参照）において確定される境界は，公法上の境界（筆界）である。

(3) 私法上の境界 (所有権界)

　私法上の境界（所有権界）は，私人が合意等によって自由に変更することができ，所有者同士が話し合って決める境界は，あくまで私法上の境界（所有権界）である。これに対し，公法上の境界（筆界）は，所有者同士が話し合って決めることはできない。

　合意によって定められた境界と，公法上の境界（筆界）が異なっていた場合，当該合意により，一方の当事者から他方の当事者に対し，土地の所有権の一部が移転したことになる。

　その結果，所有権の移転を受けた当事者は，他方の当事者に対し，土地を分筆した上で移転登記するよう求めることができる。

(4) 公法上の境界と私法上の境界は本来的に一致する

　土地は元来，その地形や地勢などの制約を受けながらも，経済的生活様式等に従って利用されてきたものであり，明治期においても，特段，その利用方法について大きな転換が図られたものでもないから，江戸時代以前からの土地の利用形態，土地の利用における事実上の区分は，基本的に，明治期以降においても，そのまま維持されていたと考えられる。そこには，地形や地勢という自然による制約を受けながらも，当該地域に生活する者にとって最も利用するのに適した土地の区分が事実上存在していたのであり，基本的には，これが明治期において1筆の土地として成立していくことになる。

　したがって，明治期に創設された，いわゆる「原始筆界」が，地租の徴収という課税上の目的によって創設されたものであることは事実であるにしても，この筆界が所有者の意思と全くかけ離れたところで，明治期に突如成立したものなどでは決してなく，各土地の1筆地としての区分は，当該土地を利用している所有者の意思が色濃く反映された結果であるというべきであるから，筆界は，基本的には，所有権界をなぞる形で創設されたものと考えるのが相当である。

　このように，公法上の境界（筆界）は，私法上の境界（所有権界）をなぞる形で創設されてきた経緯からすれば，公法上の境界（筆界）と私法上の境界（所有権界）は本来的に一致するはずである。

(5) 公法上の境界と私法上の境界が一致しない場合

　公法上の境界（筆界）と私法上の境界（所有権界）は，本来的に一致するはずであるが，一致しないことがあるため，以下紹介する。

① 1筆の土地の一部分に取得時効が成立する場合

　まず，代表的なものが，時効取得の問題である。

　すなわち，隣接地間において，一方当事者（「A」）が公法上の境界を越えて他方当事者（「B」）の土地の一部を10年または20年間占有していた場合，取得時効が完成し，これを援用することができる（民法162条）。その

結果，私法上の境界は，時効取得により移動するが，筆界は公法上のものであるため，移動しない。このように，１筆の土地の一部に取得時効が成立すると，公法上の境界と私法上の境界が一致しないことになる。

　この場合，時効取得した土地部分をＢ所有の土地から分筆し，時効取得を原因として，これを時効取得者であるＡに所有権移転登記すべきということになる。もし，Ｂがこの登記手続に応じない場合には，ＡはＢを相手取って，所有権移転登記手続を求める訴訟を提起し，勝訴判決（債務名義）を得て，代位により分筆の登記を申請し，その後，同判決に基づいて単独で所有権移転登記を申請すべきことになる。

　　②　その他
　①以外にも，公法上の境界（筆界）と私法上の境界（所有権界）が一致しない場合がある。

　まず，宅地造成等の場合に，里道や水路等を付け替えたにもかかわらず，その点を登記に反映させていなかったために，本来の公法上の境界（筆界）を示す公図と私法上の境界（所有権界）にずれが生じることがある。

　また，隣接所有者同士が，それぞれ所有している土地の一部ずつを交換し合うようなケースがあるが，このようなケースでは，必ずしも登記に反映させていないことがある。このような場合にも，本来の公法上の境界（筆界）と私法上の境界（所有権界）にずれが生じることがある。

2 境界をめぐる紛争について

(1) 相談者の真意

　隣地所有者間の「境界」を巡る紛争は，多くの場合，私法上の境界（所有権界）をめぐる紛争である。しかし，第１章でも触れたところであるが，相談者が「境界」という言葉を用いていたとしても，相談者は，公法上の境界（筆界）と私法上の境界（所有権界）について認識・理解できていないことがほとんどであるため，慎重に真意を探ることが必要である。

(2) 公法上の境界（筆界）を明らかにすることの意義

　相談者の真意を確認し，相談者が問題にしているものが私法上の境界（所有権界）に関するものである場合，公法上の境界を調査することに意味がないようにも思える。

　しかしながら，公法上の境界（筆界）と私法上の境界（所有権界）が一致していれば（本来，一致しているはずである。），筆界が明らかになり，所有権界も決定されることになる。

　他方，一致しない場合でも，公法上の境界（筆界）を明らかにする意味がある。例えば，私法上の境界（所有権界）のみ明らかになっても，公法上の境界（筆界）が明らかでなければ，分筆して移転登記すべき範囲が明確にならず，分筆登記ができない事態に陥ってしまう。その意味で，紛争を真に解決するためには，私法上の境界（所有権界）だけでなく，公法上の境界（筆界）を明らかにすることが必要である。

　そして，私法上の境界（所有権界）を解決した場合において，公法上の境界（筆界）もそれに併せて登記に反映しておけば（分筆登記等），私法上の境界（所有権界）と公法上の境界（筆界）を一致させることができる。私法上の境界（所有権界）と公法上の境界（筆界）にズレが存しないことが明らかになれば，事後的に当該ズレの存在を理由とする紛争を抑止することができる。

　このように，公法上の境界（筆界）を明らかにすることで，隣地所有者間の「境界」をめぐる紛争が解決できるケースは多い。

　もっとも，前記1の(5)で記載したとおり，公法上の境界と私法上の境界が一致しない場合も存在するため，筆界を明らかにしても直ちに紛争が解決できない場合も存する。

　このあたりは，相談者から聞き取りを十分に行い，資料を精査した上で，公法上の境界（筆界）を明らかにする方針を採るべきか，私法上の境界（所有権界）のみを争っていくべきか，検討することになる。具体的な手続選択については，「第5章　手続選択」において詳しく解説する。

◆ COLUMN ◆

公共用地（里道・水路）境界確定事務における筆界と所有権界

　公共用地（里道・水路）境界確定事務において対象となる境界は，所有権界である。里道・水路が国有であった時には，国有財産法の規定により境界確定協議がなされた。いわゆる境界明示（本稿では境界確定協議のこと。いろいろ呼び方はあるだろうが，ここでは，以下「境界明示」といい，その線を「明示線」という。）である。国有財産法31条の3から同条の5までに規定された境界は，協議，つまり話し合って決める境界であり，所有権界である。

　大阪府の公共用地境界確定事務取扱要綱の運用基準における【解釈】においては，

　　「土地の境界は，公法上の境界と私法上の境界があり，通常行っている業務は，もっぱら私法上の境界の確定業務である。しかし，この境界は公法上の境界と一致するのが原則であり，そのように取り扱うものである。」

と扱われてきた。

　また，実際の境界確定事務も，筆界＝所有権界として境界明示を行ってきた。現場では，筆界も所有権界も区別することなく扱われてきた。土地所有者も境界明示の担当者も，筆界も所有権界も区別していなかったからである。

　一方で，登記所は，分筆登記や地積更正登記を申請する場合，境界明示書の添付を求めてきた。登記所も特段の事情がない限り，これを筆界と認めてきた。

　平成17年に不動産登記法が一部改正され，筆界特定制度が創設された。この制度の中で，筆界と所有権界が峻別されるようになった。筆界と所有権界は，観念的には異なるものであり，時として，現地においてもその線が一致しないことがあるからだ。

　しかし，その意味が誤解されている場合がある。観念的な意味での

相違を，位置の相違として理解されてしまったのではないか。「所有権界だから筆界ではない。」というような言葉さえ聞かれるようになった。不動産登記法の字面だけを読んで，誤った理解がなされているケースがあるように思う。

現在，ほとんどの里道・水路は，市町村に移管された。境界確定事務を取り扱う上で，少数ではあるが，「筆界を前提とした所有権界」という考え方を完全に廃し，純粋に所有権界だ，と言い切る市町村が現れてきた。観念的には，境界明示は，所有権界の契約であるが，その位置は，筆界と全く関係ない，ということはできない。

その理由は，筆界と所有権界との強い関係にある。筆界がある位置には，所有権界があることが推定される。また逆に，所有権界のある位置には，筆界があることが推定される。筆界と所有権界は，推定し合う関係にある。筆界が創設されたとき，筆界と所有権界は一致していた。したがって，多くの場合一致している。一致しているのが原則なのである。だからこそ，筆界と所有権界は，互いに推定関係にある。官公署は，特にこのことを意識して境界確定事務を行う必要がある。

筆界を正しく調査しないで，所有権界により境界明示を行い，筆界と異なった位置で明示した場合のことを考えてみよう。

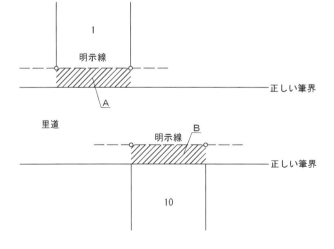

筆界と異なる位置で明示された場合，Ａの部分は市町村が民地に食い込んだ，ということになり，Ｂの場合は，民地が里道敷を取り込んだということになってしまう。このような状況が，紛争の種になることは明白だ。

筆界と所有権界が乖離した状況のままでは，不動産登記法１条の「国民の権利の保全を図り，もって取引の安全と円滑に資する」目的を果たせない。筆界と所有権界が乖離することは，境界紛争の原因になったり，紛争の解決をより難しくしたりするからである。私たちは，筆界＝所有権界としての境界確定を求めている。市町村などの官公署が，筆界を前提としない所有権界としての境界確定事務を行うことは，この期待に反することになる。もし，所有権界が，筆界と異なる場合は，一致するようにすることが望まれる。

現在でも，境界確定協議における実務では，申請書に登記関係の資料一式を添付させている。実際上は，これらの資料に基づいて調査し，筆界を前提とした，境界確定協議を行っている。常に筆界線を意識し，正しく筆界線を調査し，その線について境界確定協議を行うことを望みたい。

◆ COLUMN

公図とは

　「公図」について，正式な定義はない。

　不動産登記法による「地図」に対して，土地台帳附属地図を「公図」と呼んでいたようだ。その場合，「土地台帳法施行細則2条1項による地図」という定義でよかった。

　現在，実際には，不動産登記法14条1項による地図も，同4項による地図に準ずる図面も，閉鎖されたマイラーも，またその元になった土地台帳附属地図も，全部含めて「公図」と呼ぶこともある。

　このため，特に最近では，土地台帳附属地図を区別して「和紙公図」と呼ぶようになってきた。10年前にはなかった用語である。

　同時に，「マイラー公図」という語が滅びつつある。和紙公図の摩耗がはげしいため，和紙公図をポリエステル・フィルムに写し替えた。この地図をマイラー公図又は単にマイラーと呼んでいる。

　一般の人に対しては，「法務局に備え付けられている地番と筆界線が記載された図面」というぐらいの説明でよいのではないだろうか。

第3章 資料の集め方

第1 登記所調査

【事例編】

：織田 弁護士　　：徳川 土地家屋調査士

> 徳川先生から連絡があり，資料の収集のため法務局に行くと聞いた。前々から興味があったので，私も同行することにした。

織田：インターネットで法務局のホームページを調べてきたのですが，法務局といってもたくさんありますよね。やはりその土地を管轄している法務局に行かなければならないのでしょうか。

徳川：そうですね，できればそのほうがいいです。管轄以外の登記所からでもコンピュータ化された「登記記録」，「地図・地図に準ずる図面」，「地積測量図」などを取得することができます。しかしコンピュータ化以前のものや，コンピュータ化以前に閉鎖されたものは管轄登記所でしか取得できません。

織田：ところで，法務局と登記所は違うものですか。

徳川：ほとんど同じ意味です。登記所とは不動産登記法，商業登記法において法務局，地方法務局，支局，出張所の総称として使われています。

織田：なるほど，ではこれからは呼び方を登記所で統一します。あらためて，登記所では初めに何をすればいいのでしょうか。

徳川：まずは，地番を確認するためにブルーマップを見てみましょう。ブルーマップは住宅地図上に，地番を青字で印刷したものです。対象となる土地の地番がわからず，住居表示や現地の場所しかわからない場合，ブルーマップを利用することにより，地番を把握することができます。ただし，ブルーマップは住宅地図上のおおよその位置に地番が書かれているもので，必ずしも正確ではなく，すべての地番が記載されているわけではありません。ブルーマップで確認した地番は，「地図・地図に準ずる図面」を取得し，間違いないか確認します。

織田：ありました。あらかじめ乙山さんに確認していた地番と同じですね。その他に地番を確認する方法はあるのでしょうか。

徳川：所有者の方が持っている「登記済証」，「権利証」，「登記識別情報」，「固定資産税の納付書」などでも確認できます。

織田：ところで，地番と住居表示とは違うものなのですよね。

徳川：そうですね。住所を示すためにはもともと地番が使用されていました。しかし，分合筆が繰り返され，地番は街並みに沿って番号がそろわなくなったため，わかりにくいものになっていきました。そこで，簡単に住所が確認できるように，住居表示が実施されました。住居表示が実施されている区域内では，地番とは関係ない番号，つまり住居表示で住所を示すようになりました。住居表示が実施されていない地域では，従前のとおり地番で住所を示しています。

織田：地番を確認することができたので，「地図・地図に準ずる図面」を申請したいのですが，どうすればいいのですか。

徳川：申請窓口の近くに申請用紙があります（図１参照）。申請人欄に自分の住所・氏名を記入し，種別欄の土地にチェックを入れ，土地の所在と先ほどブルーマップ等で確認した地番を記入し，請求通数に必要な枚数を記入します。用紙の中ほどに「証明書

(写しの交付)」「閲覧」と２種類のチェック欄があります。今回は「証明書（写しの交付)」を取りましょう。「地図・地図に準ずる図面」にチェックを入れて，収入印紙を貼付して窓口に提出します。申請用紙を用いず証明書発行請求機を利用する方法もあります。

図１　地図・地積測量図等の証明書申請書

地図・各種図面用　地図／地積測量図等の証明書／閲覧申請書

※ 太枠の中に記載してくださ

窓口に来られた人（申請人）	住所	大阪府西大阪市北町○番○号
	フリガナ	オダ　ノブコ
	氏名	織田　信子

収入印紙欄

収入印紙

収入印紙

※地番・家屋番号は、住居表示番号（○番○号）とはちがいますので，注意してください。

種別（レ印をつける）	郡・市・区	町・村	丁目・大字・字	地番	家屋番号	請求通数
1 ☑土地 2 □建物	西大阪市	北新町	一丁目	1		1

いでここに貼ってください。

（どちらかにレ印をつけてください。）

☑ 証明書　　□ 閲　覧

※該当事項の□にレ印をつけ，所要事項を記載してください。

☑ 地図・地図に準ずる図面（公図）（地図番号：＿＿＿＿＿＿）

□ 地積測量図・土地所在図
　□ 最新のもの　□昭和/平成＿＿年＿＿月＿＿日登記したもの

□ 建物図面・各階平面図
　□ 最新のもの　□昭和/平成＿＿年＿＿月＿＿日登記したもの

□ その他の図面（　　　　　　　）

□ 閉鎖した地図・地図に準ずる図面（公図）

□ 閉鎖した地積測量図・土地所在図（昭和/平成＿＿年＿＿月＿＿日閉鎖）

□ 閉鎖した建物図面・各階平面図（昭和/平成＿＿年＿＿月＿＿日閉鎖）

交付通数	交付枚数	手数料	受付・交付年月日

（乙号・4）

織田：今回受け取った図面（図２参照）には地図に準ずる図面と記載
　　　されていますが，地図とは違うものなのですか。

徳川：不動産登記法14条１項の規定により，登記所には地図を備え付
　　　けるものとされています。このため「14条地図」とも呼ばれま
　　　す。測量や調査の成果に基づいて作成されたものですが，備え
　　　付けられていない地域も多いです。地図が備え付けられるまで
　　　の間，これに代えて，地図に準ずる図面を備え付けることがで
　　　きます。多くは明治時代に作成されたものが元となっています
　　　ので，「地図」に比べて精度において低いものが多いです。し
　　　かし，その位置，形状，地番等参考になるものは多いです。

第3章　資料の集め方

図2　地図に準ずる図面

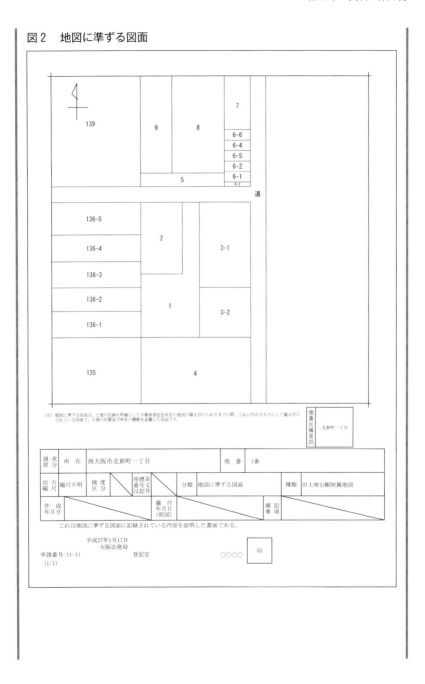

織田：そのほかに，閉鎖した地図・地図に準ずる図面とはどういった
　　　ものなのですか。

徳川：大雑把に言って，一つは「和紙公図」（図3参照）と呼ばれるも
　　　のです。明治時代に作成されたもので和紙に墨で書かれていま
　　　す。もう一つは「マイラー公図」と呼ばれるもので，「和紙公
　　　図」の劣化に伴って複写されたものが多いです。現在のものは，
　　　この「マイラー公図」をもとにコンピュータ化されたものです。

織田：そのような古いものを見る必要があるのですか。

徳川：マイラー化に伴い，地番，筆界の位置，形状，長峡物の幅員な
　　　どが複写されていない，複写に誤りがあるなどといったことが
　　　あるからです。

織田：なるほど，それでは閉鎖した地図・地図に準ずる図面の請求方
　　　法を教えてください。

徳川：地図・地図に準ずる図面と同様の申請書（図1参照）を用い，
　　　必要事項を記入して，閉鎖した地図・地図に準ずる図面に
　　　チェックを入れ，横にマイラー公図や和紙公図と記載します。
　　　「証明書（写しの交付）」は，和紙公図の場合はＡ3判用紙にカ
　　　ラー印刷したもの，マイラー公図の場合はコピーしたものに，
　　　それぞれ登記官印が押印され交付されます。「閲覧」は，和紙
　　　公図の場合はＡ3判用紙にカラー印刷したもので登記官印の押
　　　印がないものが交付されます。マイラー公図の場合は原本を登
　　　記所内の指定された場所で見ることができます。コピー機はあ
　　　りませんので印刷することはできません。私はカメラを持って
　　　行き，担当者に声を掛けた上で写真を撮るようにしています。

図3　和紙公図

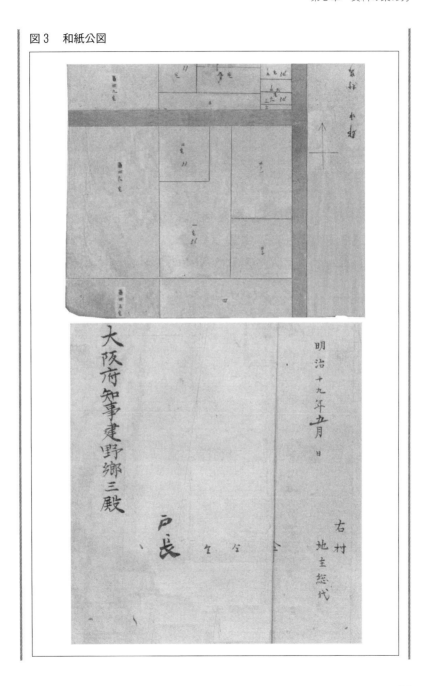

織田：次に登記記録の取り方について教えてください。

徳川：乙山さんの土地の全部事項証明書（図5参照）を取得しましょう。全部事項証明書とは登記記録に記載されたすべての事項を，登記官が証明し，印刷した書面です。専用の申請用紙（図4参照）を用いて，必要事項を記入します。収入印紙を貼付して窓口に提出します。こちらも，証明書発行請求機を利用して申請することもできます。

図4　登記事項証明書等交付申請書

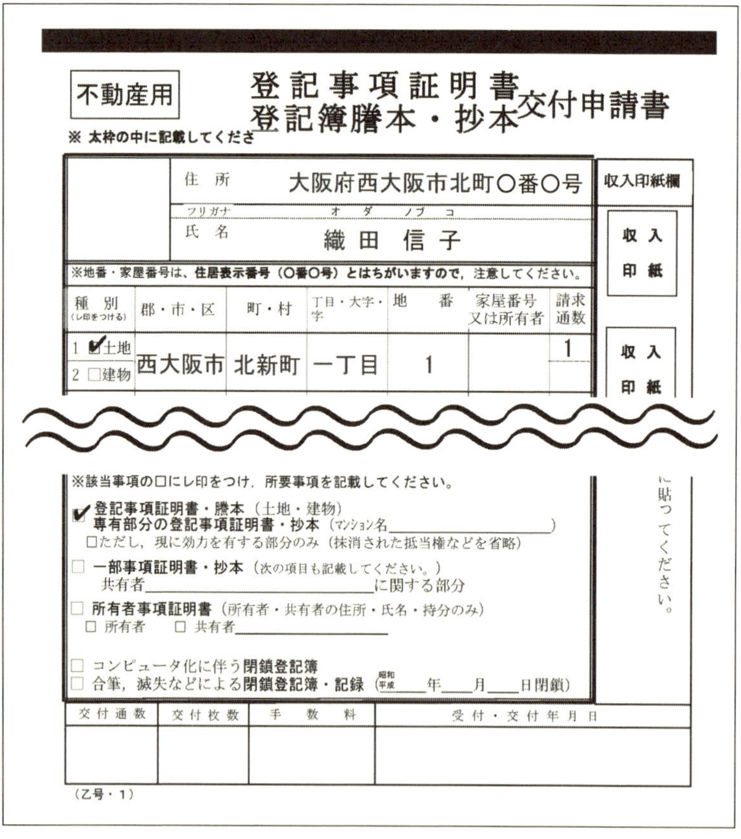

不動産用

登記事項証明書
登記簿謄本・抄本 交付申請書

※ 太枠の中に記載してくださ

	住所	大阪府西大阪市北町○番○号
	フリガナ	オダ ノブコ
	氏名	織田 信子

※地番・家屋番号は，住居表示番号（○番○号）とはちがいますので，注意してください。

種別（レ印をつける）	郡・市・区	町・村	丁目・大字・字	地番	家屋番号又は所有者	請求通数
1 ☑土地 2 □建物	西大阪市	北新町	一丁目	1		1

収入印紙欄

収入印紙

収入印紙

に貼ってください。

※該当事項の□にレ印をつけ，所要事項を記載してください。

✔ 登記事項証明書・謄本（土地・建物）
専有部分の登記事項証明書・抄本（マンション名＿＿＿＿＿＿＿＿）
□ただし，現に効力を有する部分のみ（抹消された抵当権などを省略）

□ 一部事項証明書・抄本（次の項目も記載してください。）
共有者＿＿＿＿＿＿＿＿＿＿＿＿に関する部分

□ 所有者事項証明書（所有者・共有者の住所・氏名・持分のみ）
□ 所有者　□ 共有者＿＿＿＿＿＿＿＿

□ コンピュータ化に伴う閉鎖登記簿
□ 合筆，滅失などによる閉鎖登記簿・記録（昭和 平成＿＿年＿＿月＿＿日閉鎖）

交付通数	交付枚数	手数料	受付・交付年月日

（乙号・1）

第3章　資料の集め方

図5　土地の全部事項証明書

大阪府西大阪市北新町1丁目1				全部事項証明書		（土地）
表 題 部（土地の表示）		調製	平成2年6月20日	不動産番号	1200000068×××	
地図番号	余 白	筆界特定	余 白			
所 在	西大阪市北新町一丁目			余 白		
① 地 番	②地 目	③ 地 積 ㎡		原因及びその日付（登記の日付）		
1番	宅地	211 57		余 白		
余 白	余 白	余 白		昭和63年法務省令第37号附則第2条第2項の規定により移記 平成2年6月20日		

権 利 部 （ 甲 区 ）（所 有 権 に 関 す る 事 項）			
順位番号	登 記 の 目 的	受付年月日・受付番号	権 利 者 そ の 他 の 事 項
1	所有権移転	昭和57年11月17日 第○○97号	原因 昭和57年10月18日相続 所有者 西大阪市北新町一丁目1 乙 山 父 郎 順位2番の登記を移記
	余 白	余 白	昭和63年法務省令第37号附則第2条第2項の規定により移記 平成2年6月20日
2	所有権移転	平成15年5月6日 第○○66号	原因 平成15年1月7日相続 所有者 大阪府西大阪市北新町一丁目1 乙 山 一 郎

　これは登記記録に記録されている事項の全部を証明した書面である。ただし、登記記録の乙区に記載されている事項はない。

平 成 27 年 1 月 17 日
大阪法務局　　　　　　　　　　　　　登記官　　　　　○　○　○　○　　㊞

＊　下線のあるものは抹消事項であることを示す。　　整理番号 D12345 （ 1／1 ）　　1／1

33

織田：全部事項証明書というからには，これを見るだけでその土地についてのすべての経緯がわかるのですよね。

徳川：そうではありません。分合筆の経緯についてすべてが記載されているわけではありません。昭和35年の不動産登記法の一部改正により，不動産の表示に関する登記制度が創設された後の記載しかありません。それ以前の分合筆の経緯は土地台帳に記載されています。

　　例えば，依頼者の土地は1番で1番1や1番2といった枝番がついていない元番地なので，分筆されていないようです。もっとも，元番のみの場合でも分筆されている場合があるので注意が必要です。隣接地は3番1と枝番がついているので分筆されていることが予想されます。

　　ところが登記事項証明書には分筆の経緯は記載がありません。これで分筆の経緯がないと判断するのではなく，どちらも土地台帳を取得する必要があります。また所有権の移転の沿革は，「コンピュータ化に伴う閉鎖登記簿」が閉鎖されたときに有効な所有者のみしか記載されていません。

　　ですから，それ以前の所有者の変遷を確認するには閉鎖登記簿を取らなければなりません。また，閉鎖登記簿には地名の変更や，一度分筆されたがまた合筆して閉鎖されている等の場合があるので，取得した方がよいでしょう。

織田：土地台帳や閉鎖登記簿は登記所で取得できるのですね。

徳川：はい。ただし，どの登記所でも取得できるものではなく土地台帳とコンピュータ化以前の閉鎖登記簿は管轄登記所のみで取得できます。請求方法は全部事項証明書の請求と同様に（図4参照），申請人住所や請求地番等，必要事項を記載して，閉鎖登記簿は下の「コンピュータ化に伴う閉鎖登記簿」若しくは「合筆，滅失などによる閉鎖登記簿・記録」にチェックを入れ，合

第3章　資料の集め方

筆，滅失の時は閉鎖年月日を記載して，収入印紙を貼付して窓口に提出します。土地台帳は，同様に必要事項を記載して，チェック欄はありませんので余白にわかるように「土地台帳」と記載して窓口に提出します（収入印紙は必要ありません。）。これが3番1と3番2の土地台帳（図6，図7参照）です。

図6　土地台帳（3番1）

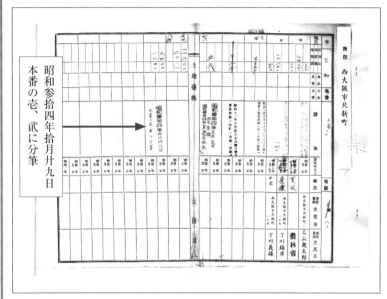

図7　土地台帳（3番2）

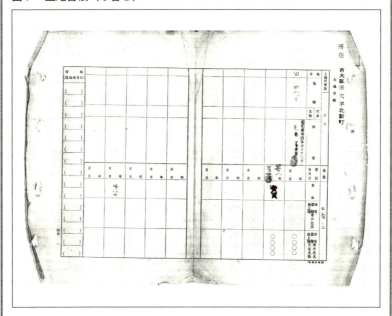

徳川：土地台帳を見ると，3番1と3番2の分筆年月日は昭和34年10月29日と確認できます（図6の拡大部分参照）。それでは次に地積測量図を取りましょう。地積測量図を調査することによって，分筆時の土地の実測面積，辺長，境界標識の有無，接合状況等の情報を得ることができます。とはいっても，作成時期によって書き方や精度に差があります。この年代だといわゆる分筆申告書添付図面（図8参照）になります。分筆申告書添付図面は管轄登記所のみで取得できるものです。また，閲覧は無料でできます。所在と分筆年月日ごとにバインダーに綴られています。必要な図面は，窓口の方に申し出れば無料でコピーしてもらえます。

図8　分筆申告書添付図面

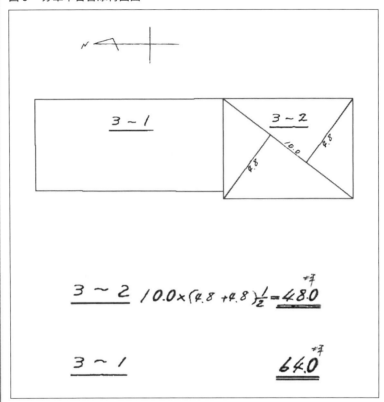

織田：登記所で調べることはこれくらいでしょうか。

徳川：そうですね，後は建物に関する資料でしょうか。占有状況等の確認のため，建物の登記記録と建物図面・各階平面図を取っておきましょう。

【解説編】

1 法務局と登記所

登記所とは不動産登記法, 商業登記法において法務局, 地方法務局, 支局, 出張所の総称として使われている。

> 不動産登記法
>
> （登記所）
>
> 第6条 登記の事務は, 不動産の所在地を管轄する法務局若しくは地方法務局若しくはこれらの支局又はこれらの出張所（以下単に「登記所」という。）がつかさどる。

行政機関の名称としては, 法務局として使われている（例:「大阪法務局」,「京都地方法務局」,「大阪法務局北大阪支局」,「大阪法務局北出張所」）。管区ごとに法務局（8か所）があり, その他の県庁所在地などには地方法務局がある。

法務局と地方法務局の所掌事務の一部を分掌させるため, 支局があり, 法務局・地方法務局とそれらの支局の所掌事務の一部を分掌させるため, さらに出張所がある。

2 登記情報提供サービス

登記情報提供サービス（http://www1.touki.or.jp）を利用すれば, 一般財団法人民事法務協会に登録する必要があるが, インターネットを使って, 登記所が保有する登記情報を有料で取得することができる。

ただし, コンピュータ化されている登記情報のみの取扱いになる。あらかじめ調査したい土地の所在・地番がわかれば, 迅速に資料を集めること

38

第3章　資料の集め方

ができる。

3 地番の確認方法

　地番を確認する方法として，登記所に置いてあるブルーマップや，所有者が持っている「登記済証」,「権利証」,「登記識別情報」,「固定資産税の納付書」などがあるが，その他にも管轄登記所において住居表示から地番を調べることもできる。

　その際には，登記所のホームページを確認するとよい。

　また，登記情報提供サービスにも地番検索サービスの機能がある。

4 証明書発行請求機

　登記所によっては，証明書発行請求機を設置している。

　これを利用する場合は，全部事項証明書等の交付請求申請書を作成する必要がなく，画面の案内に従い請求情報をタッチパネルに入力していくと，整理番号票が発行される。収入印紙を購入して，受領時に窓口に整理番号票を提出し，渡された請求書に収入印紙を貼付して，証明書等を受け取る流れである。

5 地図・地図に準ずる図面

(1) 地　図

　地図は不動産登記法14条1項の規定により登記所に備え付けるものとされている。このため「14条地図」とも呼ばれる。測量や調査の成果に基づいて作成されたものだが，備え付けられていない地域も多い。

(2) 地図に準ずる図面

　地図に準ずる図面は，地図が備え付けられるまでの間，これに代えて備

39

え付けることができる。

多くは明治時代に作成されたものが元となっているので，「地図」に比べて精度において低いものが多い。しかし，その位置，形状，地番等参考になるものは多い。

(3) 公　図

公図は，法律上の用語ではなく土地台帳附属地図（明治時代に作成された和紙公図のこと）を呼称する際用いられる俗語である。

実務においては，地図に準ずる図面全部を指すことがある。また，14条地図も含め，法務局備付図面を総称して用いられる場合もある。

(4) 閉鎖した地図・地図に準ずる図面

① 「マイラー公図」

コンピュータ化される以前まで使用された，マイラーと呼ばれるポリエステル・フィルムに和紙公図をトレースしたものが多い。

② 「和紙公図」

マイラー公図以前の明治時代に作成された地図・地図に準ずる図面。

①，②は，それぞれ管轄登記所にて証明書の請求や，閲覧することができる。

---

6 地積測量図と分筆申告書添付図面

地積測量図は土地の表題登記，地積の変更又は更正登記，分筆登記を申請する場合や，地図若しくは地図に準ずる図面等の訂正の申し出をする場合に提供すべき添付情報であり，すべての土地にあるものではない。

地積測量図は，現行法では「地番区域の名称」，「方位」，「縮尺」，「地番（隣接地の地番を含む。）」，「地積及びその求積方法」，「筆界点間の距離」，「平面直角座標系の番号又は記号」，「基本三角点等に基づく測量の成果による筆界点の座標値」，「境界標があるときは，当該境界標の表示」，「測量の年月日」が記載され，面積測定機能と現地特定機能を有するものである。し

かし，年代により記載内容と精度に著しく差がある。

7 図面の「証明書（写しの交付）」と「閲覧」の違い

図面（地図・地図に準ずる図面，地積測量図）の「証明書（写しの交付）」は，緑色のＡ３判用紙にプリントされた申請箇所を中心とした地図・地図に準ずる図面，申請箇所の地積測量図に登記官印を押印し交付される。

「閲覧」は，コンピュータ化される以前は，図面の原本を登記所内の指定された場所で見ることができたが，現在の原本は電子データのため，「証明書（写しの交付）」と同内容であるが登記官印の押印がないものが交付される。

ただし，閉鎖された地図（マイラー公図，和紙公図）の原本を確認する場合は，「閲覧」の方法となる。

8 登記記録

登記記録には「不動産登記記録」と「商業登記記録」の２種類がある。また，不動産登記記録は，「土地」と「建物」の２種類がある。

9 閉鎖登記簿

何らかの理由により閉鎖された登記簿のことである。閉鎖される理由は，大きく分類して，移記閉鎖と合筆，滅失閉鎖の２種類がある。

これらの閉鎖された登記簿についても，手数料を支払うことで，閲覧や証明書を取得することができる。

(1) 移記閉鎖

① コンピュータ化に伴う閉鎖登記簿

バインダー式に紙で綴じられていた登記簿は，コンピュータ化により電

子データ化され閉鎖された。

② **粗悪移記閉鎖**

登記用紙に粗悪用紙を用いたため，後に長期間の保存が不可能と判断され，新しい用紙に移し替えられた。

③ **枚数過多による移記**

登記簿に記録されている事項が多くなり，用紙の枚数が増えて取り扱いが不便になったとき，新たな用紙に移し替えられた。

(2) 合筆，滅失閉鎖

2筆以上の土地を1筆の土地にするために土地合筆登記が行われたとき，合筆された登記記録は閉鎖される。

公有水面下に土地の全部が沈んだ場合などにより土地滅失登記が行われたとき，その土地の登記記録は閉鎖される。

10 土地台帳

土地台帳は，土地の物理的状況を示す公簿として税務署に備えられていた台帳である。昭和35年の不動産登記法の一部改正により，現在の登記簿と一元化されて廃止された。

全部事項証明書では，一元化以前の分合筆の経緯等の記載がないため，土地台帳を調査する必要がある。

管轄登記所にて証明書の請求や，閲覧を無料ですることができる。

11 登記記録の「証明書（写しの交付）」と「閲覧」の違い

(1) 現在の登記記録

コンピュータ化以降の登記記録の「証明書（写しの交付）」は，緑色のＡ４判用紙にプリントされた登記情報が記載された書面に，登記官印を押印し交付される。

「閲覧」は，現に存する登記記録がコンピュータ化される以前は，バインダー式の登記記録の原本を登記所内の指定された場所で見ることができたのだが，現在の原本は電子データのため，「登記事項要約書」の請求という形で交付される。

「登記事項要約書」は，主に現在効力のある事項だけが記載されており，登記官印の押印や作成年月日などは記載されない。

(2) 閉鎖登記簿

コンピュータ化以降の閉鎖登記簿の「証明書（写しの交付）」は，緑色のＡ４判用紙にプリントされた登記情報が記載された書面に登記官印を押印し交付される。

コンピュータ化以前の閉鎖登記簿の「証明書（写しの交付）」は，原本をコピーしたものに登記官印を押印し交付される。

「閲覧」は，バインダー式の閉鎖登記簿の原本を登記所内の指定された場所で見ることができる。原本のコピーを渡される場合もある。

(3) 土地台帳

土地台帳の「証明書（写しの交付）」は，原本をコピーしたものに登記官印を押印し無料で交付される。

「閲覧」は，バインダー式の土地台帳の原本を登記所内の指定された場所で無料で見ることができる。

第2 市役所調査

【事例編】

：織田 弁護士　　：徳川 土地家屋調査士

徳川：市役所で資料を集めました。

織田：ありがとうございます。市役所にはどのような資料があるのですか。

徳川：官民境界資料や地番図です。また，区画整理区域内の筆界ですと，換地確定図などがあります。

織田：それぞれどういった資料なのでしょうか。

徳川：官民境界資料とは道路，水路をはじめとした市町村等が所有する土地との境界を示す資料です。すべての土地に対してあるものではありませんので，まず有無の確認を行います。また役所によっては誰でも閲覧やコピーをとれるところもあれば，正式に申請しなければ見ることができないところもあります。

織田：なるほど。今回は3番2の土地とその東側の道路との境界を示す図面（図9参照）があったのですね。次に，地番図とはどういったものなのですか。

徳川：地番図は，市町村の主に課税用の参考資料として作成されたもので，固定資産税課等で閲覧やコピーができます。また，市町村のホームページで公開しているところもあります。

織田：この地番図と公図では地番の配列で大きな相違はないようですね。

徳川：地番図は境界線が描かれているものではありません。参考程度ですので。次に，換地確定図は区画整理，土地改良，耕地整理等による事業によって作成された図面です。これらの事業が行

第3章 資料の集め方

われると，その地域内では従前からある筆界はすべて無効になり，新たな筆界が創られることになります。

織田：この地域では区画整理は行われていないので，換地確定図はなかったのですね。他に集めるべき資料はありませんか。

徳川：空中写真があります。戦後米軍によって撮影されたものから現在のものまであります。場所によっては，戦前の写真が残っている場合もあります。この写真と測量結果の現況平面図や公図，地積測量図などを比較すると様々なことがわかります。

織田：これで資料はそろったのでしょうか。

徳川：おおかたそろったと思います。次は，現地を一度見ておきたいのですが。

織田：わかりました。その際には私も一緒に行きましょう。所有者の乙山さんに連絡しておきます。

図9　明示図

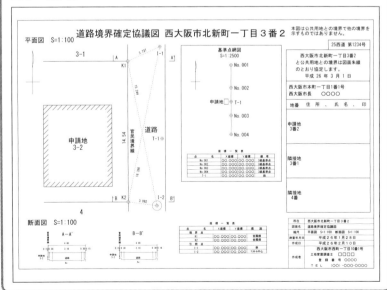

45

【解説編】

1 官民境界資料

　道路や水路等をどこが管理しているのか調べる必要がある。

　国道であれば国道事務所，都道府県道であれば，都道府県の土木事務所，市町村道であれば市町村，それぞれの道路を管理している部署（道路管理課，道路明示課等）に問い合わせる。

　すべての道路や水路等に資料があるわけではなく，今までに境界の確認が行われた箇所のみに資料がある。

　簡単な申請書に記載すれば資料を交付してくれるところや，土地所有者の委任状等を添付しなければ交付してもらえないところなど，各役所によって対応は様々である。

　これらの資料の中には，道路や河川に必要な区域（公物管理界）を設定しているものもあるが，筆界とは必ずしも一致しないので注意が必要である。

2 地番図

　公図とは違い，地図（都市計画図面等）と空中写真を利用して現況に即して作成されているため，見やすくわかりやすいものだが，筆界線を示しているものではないので注意が必要である。

　公図より広範囲で描かれているので，公図の端で隣接地がわかり難い場合に用いることができる。

3 換地確定図

　土地改良法や土地区画整理法による換地処分等がなされると，従前にあった土地の境界に代わって，新たな境界の土地が形成される。それらの

事業の際に作成された図面である。

4 空中写真

　国土地理院のホームページからは，400dpi画質の画像の閲覧及び保存が無料でできる。また，1200dpiの高画質の画像は購入することができる。

第 **3** 現地調査

【事例編】

今日は現地を一度見ておこうと思い，徳川先生と一緒に来た。

織田：地図，資料とメジャーを用意しました。その他に，何か持って
　　　きておいたほうがよいものはありますか。

徳川：現場や境界標識の状況を撮影するためのカメラ，境界標識が土
　　　に埋まっている場合があるので，スコップや軍手などがあると
　　　便利です。

織田：なるほど。

徳川：ただし，スコップで地面を掘るなど，現地調査は不審に思われ
　　　る行動にとられがちなので，依頼者はもちろん，隣接地所有者
　　　に声を掛けてから行いましょう。

織田：それはそうですね。現場では何を見るのですか。

徳川：境界標識の有無，集めた資料と一致するかなど，対照して見て
　　　いきます。境界標識がない場合でも，構造物の占有状況を確認
　　　します。その土地だけを見るのではなく，公図の形状と大きく
　　　違いがないかを確認するために，街区全体を1回りするとよい
　　　かもしれません。

織田：こんなところに何かありますよ。

徳川：塀の基礎でしょうか。

織田：これは1番と3番1の土地の境界を示すものと言えるのでしょ
　　　うか。

徳川：これだけでは直ちに境界を示すものとは言えないでしょう。で
　　　も，何らかの理由で設置されたのでしょうから，測量して図面
　　　に合致するか検証する必要があります。

48

第3章　資料の集め方

【解説編】

1 現地調査

　現地調査は，境界標識などを確認するために必要なものとはいえ，知らない人からすると不審に思われるおそれがある。

　依頼者はもちろんのこと，近隣の人々にも声を掛け，土地に立ち入ること，境界標識を探すことなどの確認と承諾を得る必要がある。

　境界付近には，越境して隣地の方の物が置かれていたり，植栽がはみ出して生えていたりすることがあるが，勝手に移動したり，破損したりしてはならない。また，境界が見当たらないからといって，ブロック塀の上に登ったり，他人の敷地に勝手に立ち入ったりすると犯罪になるので，十分に注意する必要がある。

　以下，民法の竹木の枝の切除及び根の切取りについての法文を記載する。

民法

（竹木の枝の切除及び根の切取り）

第233条　隣地の竹木の枝が境界線を越えるときは，その竹木の所有者に，
　その枝を切除させることができる。

2　隣地の竹木の根が境界線を越えるときは，その根を切り取ることができ
　る。

---

2 境界標識の種類

　主な境界標識としてコンクリート杭，金属標（プレート），プラスチック杭，鋲，石杭，刻印等がある。

　現地に境界標識があったからといって，地積測量図等で示された正しい境界標識であるとは判断できない。

49

仮杭であったり，工事により境界標識が亡失してしまい，その後，正確な測量を行わずに復旧したり，立会等を行わず当事者の一人が一方的に設置したりなど，様々な理由で移動している場合がある。それを確認するために測量する必要がある。

　また，現地には必ずしも境界標識がない場合がある。そのような場合には，現地の状況を確認する。

　例えば，境界付近に設置されていることが多いブロック塀などの占有状況である。ブロック塀のような占有状況は，直ちに境界を表すものではないが，境界を推定する上での資料の一つとなる。

コンクリート杭

金属標（プレート）

プラスチック杭

鋲

石杭

刻印

◆ COLUMN

公図の沿革

公図の生い立ちは一通りではない。代表的なものを列挙すると
1　法務局が作成した不動産登記法14条1項地図
2　国土調査による地籍図
3　土地改良法による土地の所在図
4　土地区画整理法による土地の所在図
5　土地台帳法による附属地図
6　新住宅市街地開発法による不動産登記に関する政令による土地の所在図

（7以下略,「平成16年地図整備作業要領」による。）

ここでは，大阪府における，土地台帳法による附属地図の沿革をたどってみよう。

まずは，明治初年に遡る。地租改正要領報告書（第三款　検地　第一項　地押丈量）を要約すると次のとおりである。

地租改正の手続のなかで，地主と村役人が立ち会って測量し，1筆毎に見取図を作り，これを合成して一字限図(あざぎりず)と一村限図を作成した。これらの図面を地引帳と共に役場に納めさせた。それを，官吏が実地において検査した。市街地の調査は，より厳密に行われた。このとき作成された図面を地租改正地引絵図，略して「改租図」などという。

明治18年に「地押調査ノ件」が，明治20年に「地図更正ノ件」が布達され，未定地や脱落地を調査するとともに，誤りを修正した地図が作製された。これらの地図の多くは，地租改正地引絵図の成果を利用している。このときに作成した地図を「地押調査図」,「更正図」などと呼んでいる。

明治29年に税務署が設置されると，改租図や地押調査図（更正図）などは，税務署に移管され，地租事務に利用された。

戦後，地租が廃止され，土地台帳法が施行されたとき，これらは土地台帳附属地図と位置づけられた。

昭和25年に土地台帳の事務が登記所に移管されるとともに，登記所に移され，昭和35年に土地台帳法が廃止されたとき，法的根拠が失われた。

　平成5年に不動産登記法が改正されると，これらの図面は，「地図に準ずる図面」として復活する。書き換えられ，データ化され，今日に至っている。線はきれいに描かれているが，明治初年の図面と本質的に同じ図面が，少なからず現在も生き続けている。

◆ COLUMN
地積測量図について～大阪の事情を中心に～

　不動産登記法や関連法令により，地積測量図の内容が変わってきた。大阪の事情を交えてまとめてみた。

　地租法施行規則（昭和6年）には，分筆の申告書等には地積の測量図を添付すべし，と規定された。しかし，この時代の図面は多くはなく，市役所などに残っているケースはあるが，残存しているものは少ない。

　戦後，土地台帳法が施行され，その事務取扱要領には測量の方法が細かく述べられている。平板測量で行い，水平距離で測定する。畔は本地に含める等々。しかし昭和22年から一元化期日（大阪では昭和37年から43年）までのこの時期に作成された地積測量図は，内容においてバラツキが大きい。現地と合わない図面がある一方，相当に高精度な地積測量図もある。一枚一枚を精査して採否を判断する必要がある。

　昭和37年に改正された不動産登記法施行細則（以下「細則」という。）により，地積測量図に，方位や隣接の地番などの記載が求められるようになった。

　昭和44年，大阪土地家屋調査士会から「土地建物の調査測量申請について」という調査測量マニュアルが発行されている。

　これには，

第3章　資料の集め方

「測量に際しては，全周辺に亘り境界の確認について特に注意すること。水路敷，里道敷等を明確にせず測量して売買したため，後日法廷に証人として出延し，苦境に立つ場合があるので，十分注意されたい。

　立会人の住所・氏名を調べ，出来れば署名を求めておくこと。」などと記載され，当時の筆界確認の状況をうかがうことができる。

昭和52年，細則が改正され，筆界点に境界標があるときは，地積測量図に記載することになった。

同じ，昭和52年，大阪法務局は不動産表示登記事務取扱要領を施行し，昭和54年，これを不動産表示登記事務取扱基準（以下「基準」という。）として施行した。境界標や，恒久的地物からの距離の記載について細かな規定が設けられた。また，地積更正登記には臨地所有者の筆界確認証明書（印鑑証明書添付）の添付が，分筆登記には立会証明書の添付が求められるようになった。

昭和63年に改正された基準では，境界標の記載又は，筆界点と近傍の恒久的地物との距離，角度等の位置関係についての記載等が求められるようになり，現地復元性が重視されるようになってきた。

平成5年，細則が改正され，上記と同じ規定が設けられた。大阪には，不動産登記法に基づいて作製された地図が少なく，ほとんどの地域において，明治時代に作られた地図が用いられていた。このため，現地を特定する機能を地積測量図に備える必要性が高かったと仄聞している。このため，全国ルールよりローカル・ルールが先行した形となった。

平成11年の基準改正では，地積更正登記だけではなく分筆登記にも，筆界確認書の添付が求められるようになった。地積更正登記や分筆登記などを申請するとき，境界標がなく近くに恒久的地物がないときには，境界標の設置を求められるようになった。

平成17年の不動産登記法改正に伴い，不動産登記規則が施行された。この規則により，基本三角点等に基づく測量が求められるようになった。平成18年の基準は，これを受けて同じ内容が盛り込まれている。

53

平成23年の基準は，筆界を認定する際，筆界確認書を偏重しすぎていたことを是正し，本来の筆界の調査を求める内容となっている。登記官が実地調査を行い，人証，物証，書証を総合的に検討して筆界を認定する基準とした。

　地積測量図の主題は，当初，面積であった。

　次に筆界点の位置を特定する機能が追加された。まず境界標の記載が，次に恒久的地物との関係の記載が，そして境界標の設置が，現在では世界測地系による基準点からの測量が求められるようになってきた。

　また，隣地との紛争を未然に防ぐための方策も求められるようになってきた。隣地との立会や筆界確認書の交換などによる手続がだんだん厳しくなった。

　これらの流れは，地積測量図の見方に影響を及ぼす。例えば，この時期に作成された地積測量図は現地立会したはずだとか，筆界確認書を交わしたはずだ，というように，地積測量図の信頼性の程度を判断できる。

　実印を押捺し，印鑑証明書を添えた筆界確認書は，得るのに相当な労力を要することから，弊害も生じていることは確かである。しかし，一方で，相当に境界紛争を抑止する効果もあったように思う。土地家屋調査士の努力もあって，土地所有者の間では，実印で押捺し筆界確認書を添付することが常識になりつつある。理想的な筆界確認後の手続として，境界標の設置と共に，今後も土地所有者に勧めていきたい。

第4章　資料の読み方

第1 資料の検討

【事例編】

：織田　弁護士　　　：徳川　土地家屋調査士

法務局で収集した資料の検討を始めた。これらの資料から，何がわかるのだろうか。

織田：乙山さんの主張は，通りそうでしょうか。

徳川：今のところ何とも……。

織田：このような場合，何に基づきどのように筆界を決めるのですか。

徳川：まず，登記事項証明書と登記事項要約書を見てみましょう。

1番も3番も，乙山さんの家が，代々引き継いできた土地である。3番は，昭和25年，農地解放により他人にわたり，昭和34年に3番1と3番2に分筆された。3番1は，平成23年，甲野太郎さんが購入した。1番の土地台帳の地目は，当初「郡村宅地」となっていた。現在は宅地である。

55

1 登記記録，閉鎖登記簿

徳川：登記記録はどうなってますか。

織田：乙山さんも登記事項証明書を持ってこられました。地番，地目，地積，所有者が書いてあります。他にわかることがあるのですか。

徳川：3番1の登記事項証明書には分筆の年月日が書いていませんね。ということは，相当古い時代の分筆ですね。

織田：書いてないことも読むんですね。

徳川：書いてないことも読む。そうですね。

織田：分筆時期がなぜ重要なのですか。

徳川：分筆された日付がないので，土地台帳時代の分筆だということがわかるのですが，作成された時期により，地積測量図の有無や，作成の方法が違います。そこで，土地台帳を見ないといけないな，と考えます。

織田：測量の技術が進歩した，ということですか。

徳川：それもありますが，分筆した際に，筆界をどのように確認したかということも，作成した時期により異なります。

織田：どう異なるのですか。

徳川：隣の人と立会したか，図面に判をもらったかというようなことです。

織田：分筆の時期は，土地台帳を見ればわかるのですか。

徳川：土地台帳や閉鎖登記簿を見ると，分筆の沿革だけでなく，いつ地目が変わったか，所有権がどのように移っていったかもわかります。まず，1番の登記事項証明書（図10参照）を見てみましょう。

56

第4章 資料の読み方

図10 土地の登記事項証明書

大阪府西大阪市北新町1丁目1　　　　　　　　　　全部事項証明書　　（土地）

表 題 部 （土地の表示）			調製	平成2年6月20日	不動産番号	1200000068×××

地図番号	余 白		筆界特定	余 白		

所 在	西大阪市北新町一丁目			余 白	

① 地 番	② 地 目	③ 地 積　　　　　㎡		原因及びその日付（登記の日付）
1番	宅地	211	57	余 白
余 白	余 白	余 白		昭和63年法務省令第37号附則第2条第2項の規定により移記 平成2年6月20日

権 利 部 （ 甲 区 ） （所 有 権 に 関 す る 事 項）

順位番号	登 記 の 目 的	受付年月日・受付番号	権 利 者 そ の 他 の 事 項
1	所有権移転	昭和57年11月17日 第○○97号	原因 昭和57年10月18日相続 所有者　西大阪市北新町一丁目1 　乙 山 父 郎 順位2番の登記を移記
	余 白	余 白	昭和63年法務省令第37号附則第2条第2項の規定により移記 平成2年6月20日
2	所有権移転	平成15年5月6日 第○○66号	原因 平成15年1月7日相続 所有者 大阪府西大阪市北新町一丁目1 　乙 山 一 郎

織田：甲区１番を見ると依頼者の乙山さんの住所・氏名が書いてあり
　　　ます。平成15年に乙山さんのお父さんの乙山父郎さんから相続
　　　しています。

徳川：この記録は，こちらの閉鎖登記簿が元になっています。

織田：乙山父郎さんも先代から相続しています。

徳川：もう一つ前の，閉鎖登記簿がこれです。

織田：明治時代からの所有者が書いてあります。

徳川：所有権移転の原因や日付もわかります。

織田：乙山さんが先祖から受け継いできた土地ですね。

徳川：１番の土地は，まず「保存」と書かれています。大正時代に，
　　　初めて登記され，乙山さんのご先祖の名前がのっています。後

57

で，土地台帳まで遡って，調べてみましょう。

　3番1の閉鎖登記簿を見ると，甲野太郎さんの土地が分筆される前の所有者が書いてあります。3番1の土地についても，土地台帳を見てみましょう。

2　土地台帳

織田：1番と3番1の土地台帳（図11参照）はずいぶん古いものですね。

徳川：そうですね。1番と3番1の土地台帳は，明治22年の様式です。

織田：そんな古い書類が残っているのですか。

徳川：この様式の土地台帳は多く残っています。

織田：3番2の土地台帳（図12参照）はシンプルですね。

徳川：昭和35年に土地台帳法は廃止され，不動産登記法の時代に変わります。3番1の土地台帳は，古い様式の土地台帳です。3番を分筆する際に，3番の土地台帳に「ノ一」を付け足して，3番1の土地台帳としました。3番2の土地台帳は分筆時に新設されました。用紙の形も全然違いますね。

織田：1番の所有者と3番1の所有者は，昭和25年まで乙山父郎さんのお父さんです。

徳川：3番は，もともと，乙山家の土地だったのですね。

織田：そのことが筆界とどう関わるのですか。

徳川：同一所有者が一体利用していた場合，2筆間の筆界がわからなくなる場合があります。そのような可能性を頭に入れておかなければなりません。

第4章　資料の読み方

図11　土地台帳（3番1）

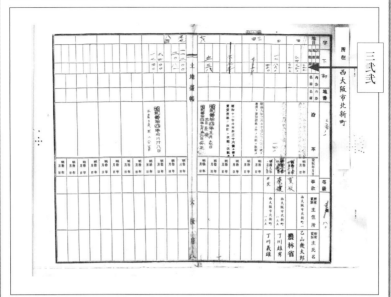

図12　土地台帳（3番2）

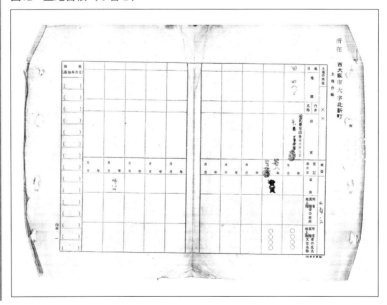

59

織田：この場合はどうでしょうか。

徳川：ちょっと待ってください。もう少し，土地台帳の他の部分や，他の資料を調べた上で検討しましょう。いつ地目変更されたか，いつ分筆されたかも土地台帳に書かれています。一番上の欄には地目が書いてありますね。

織田：1番の土地台帳では，郡村宅地から宅地に変わっていて，3番1では，田から宅地に変わっていますね。

徳川：分筆登記と同じ時期に宅地に変えています。宅地とするため，分筆して分譲したことがわかります。その下には，3分割された欄があります。右端が地積です。「反別」というのは地積のこと。田の場合，横線の位置が「反」の単位です。

織田：横線の位置の下に「三弐弐」（図11の拡大部分参照）と記載されています。この数字は，何ですか。

徳川：最初の欄に書いてある「三弐弐」は，3畝22歩という意味です。1畝は，30歩，つまり30坪です。3畝は，30×3＝90歩です。それに22歩を加えた112歩が面積です。昭和34年に宅地にしたとき112坪と表示されるようになり，48坪を分筆した結果，64坪となりました。

織田：古文書のような明治時代の文書にのっている面積が，今の登記記録の面積となって，公開されているわけですか。

徳川：このケースでは，そのとおりです。沿革欄に，税額や課税方法の変更などとともに，分筆や地目変更の内容と日付が記載されています。ここで分筆の経過がわかります。公図も一緒に見てみましょう。

3　公　図

織田：公図（図13参照）を見ると，１番と３番の界の線は，真っ直ぐ
　　　　ですね。甲野さんの主張どおりです。

徳川：そうでない可能性も少しあります。う～ん，でも，例えば，こ
　　　　んな風なことも考えられますよね。直線という条件だけなら，
　　　　Ｃ－Ｄ－Ｆを結ぶ線が正しい筆界，という可能性もあります
　　　　（図14参照）。

図13 地図に準ずる図面

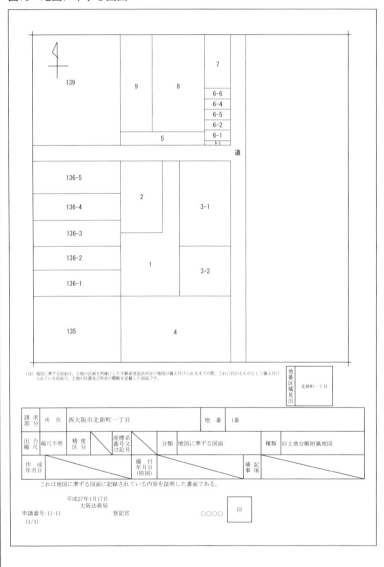

第4章　資料の読み方

図14　見取図
・乙山さんの主張線　Ｃ−Ｄ
・甲野さんの主張線　Ａ−Ｂ

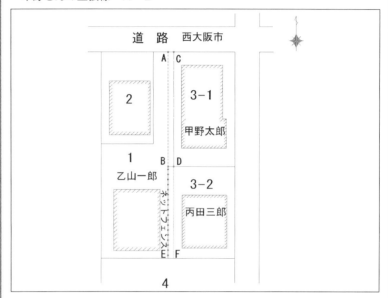

織田：見取図（図14参照）においてＡ−Ｂ−Ｅ線ではなく，Ｃ−Ｄ−Ｆ線の場合だと，３番２の方も問題になる，というわけですか。

徳川：占有状況から見て，ちょっと無理かなあ。

織田：真っ直ぐというのは，こちらにとって都合が悪い。

徳川：和紙公図は小縮尺ですから，細かい所は省略していると考えることもできます。他の資料と合わせて見ることにしましょう。

織田：何を見ればよいですか。

徳川：例えば，古い時代の空中写真では真っ直ぐで，公図も真っ直ぐとなるとやはり，昔から真っ直ぐだったのではないか，と考えます。

織田：それで乙山さんが納得すればよいのですが。

徳川：乙山さんにとって有利な資料も見てみましょう。

4　分筆申告書添付図面

織田：これが分筆申告書と添付図面（図15参照）です。

徳川：土地台帳法時代の地積測量図を，不動産登記法による地積測量図と区別したいので，分筆申告図と呼ぶことにします。

織田：この図面の3番1の西側の線が，筆界ですよね。ここのところが相手側に少し引っ込んで，現地と合います。立ち会って筆界を確認したのでしょうか。

徳川：立ち会ったかどうかはわかりません。もっとも，立ち会って測ったからといって，それだけでそこが筆界，というわけでもないのですが……。図面を作成した人は，ここを筆界として測量した，ということですね。今ほど，筆界と所有権界を区別して考えてはいなかったでしょうけど。というか全く考えてなかったと思います。

織田：分筆申告図を作成したときに測った1番と3番の筆界線。これと公図に記載された筆界線と，どちらが正しいのですか。

徳川：今，問題にしている筆界は，1番と3番の筆界です。この筆界が創設されたのは，明治初年，おそらく明治の7，8年です。この時期にできた筆界のことを原始筆界と呼んでいます。この分筆申告図は，昭和34年に作成されています。つまり，筆界が創設されて85年以上経ってから，測ったものです。果たして，創設当時と同じ線を測ったのでしょうか。

織田：当時の所有者が意識していた所有権界だ，ということはいえるのですか。

徳川：当時の所有者が，控えて測ったのは，どういう状況だったのか……。いずれにせよ控えた線までしか，分譲できなかった，ということなのでしょうね。そういう意味で，当時の所有者や図面作成者が考えていた所有権界であり，彼らが認識していた筆界線だ，と言えるのかもしれません。

図15 分筆申告書添付図面

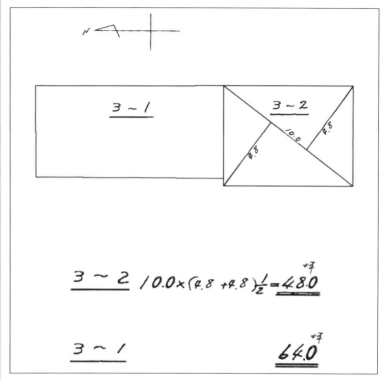

織田：この図面は，筆界を示す図面とは言えないのですか。

徳川：分筆申告図ですから，分筆線は，このときに創設され，この図面により示されています。しかし外周の線は，正しい筆界を測量しているとは限りません。

織田：同じ図面に描かれている線でも，正しい線と，正しくないかもしれない線がある，というところがわかりません。

徳川：筆界のでき方には，いろいろあって，この件の場合，3番1と3番2の間の線は分筆でできた線，昭和34年にできた筆界です。この分筆申告図が示している線です。しかし，外周の線は，いわゆる原始筆界です。明治の初年にできた線です。筆界ができ

たときの資料も検討しなければなりません。実務的には，隣の人に立ち会ってもらって筆界を確認します。この件の場合，分筆申告図を作ったときに，そのような手続を行ったかどうかがわからない，ということなのです。

織田：なるほど，この図面は，３番１と３番２の間の分筆線は筆界を示す図面だけれども，周囲の線は，必ずしも筆界ではない，とおっしゃるのですね。

さきほど，当時の所有者や図面作成者が考えていた筆界線とおっしゃいましたが，それは，こちらに有利な証拠ではないのですか。

徳川：乙山さんの立場で筆界を主張する場合，占有状況と分筆申告図によって主張することになるでしょうね。

5　筆界の確認と登記手続

織田：筆界は，はっきりわからないのですか。

徳川：ここが筆界だ，と言い切ることができればよいのですが。ついつい，日常業務の筆界確認方法のことを考えてしまうからです。日常業務の筆界調査と，筆界特定手続での調査のギャップを感じてしまいます。

織田：一般的に，日常の実務ではどういう調査をするのですか。

徳川：調査自体は同じです。ただ，資料と現地とが合っていて，お互いに筆界と認識している場合は，日常業務では，筆界として扱うでしょう。

具体的には，隣地所有者に立ち会ってもらい，筆界を確認します。資料から，はっきり筆界がわかる場合は，それを現地で説明した上で，筆界を確認します。

織田：この場合，控えた線で，甲野さんが承諾すれば，そこが筆界として通っていくのですね。

66

徳川：当事者の合意で筆界が決まるわけではありません。しかし，当事者の認識は，筆界を調査する上で重要です。本件では，公図と矛盾するので，微妙な問題ですね。ケースバイケースということにしておいてください。原始筆界の場合は資料が多くありません。いわゆる和紙公図と土地台帳が主なものです。和紙公図の精度もよくない場合が多いからです。

織田：他にどういう調査をするのですか。

徳川：不動産登記法に規定された筆界特定の方法が参考になるかもしれません。法務局の資料，地形や地目，面積形状，境界標や占有状況などを総合判断します。

織田：筆界が公図のとおり真っ直ぐで，３番１の土地が控えたところまでしかないということになると，このＡＢＤＣＡで囲まれた隙間の部分はどうなるのですか。

徳川：基本的には，分筆間違いです。３番本来の筆界で測るべきなのに，控えて測ってしまった，ということです。

織田：そうすると，どうなるのですか。

徳川：間違えたのなら，分筆錯誤ですから，分筆抹消登記をすべきです。一度，分筆されなかった状態に戻す。しかし，３番１と３番２は，別の所有者に所有権移転登記され，その後，持ち主が変わっています。現実的には元には戻せません。そこで，実務では，現実的な処理をすることがあります。

織田：と，いいますと。

徳川：３番１の土地を地積更正登記します。登記所と相談しなければなりませんが……。

織田：隙間の土地が３番１の一部だとすると，この部分の所有権の時効取得の問題になります。乙山さんが時効取得したと認められた場合，登記手続はどうなるのですか。

徳川：３番１から取得した部分を分筆し，所有権移転登記をしてもら

う必要があります。甲野さんが協力してくれればよいのですが
……。

織田：甲野さんの協力が得られない場合は，どうするのですか。

徳川：分筆登記に限っていえば，３番１の一部を所有する者としての
立場で，乙山さんから３番１の全周囲の筆界特定を申請して，
３番１の筆界を決めてもらい，その上で分筆登記をします。

織田：３番１の全周囲を確定するのですか。

徳川：実務的に言えば，登記所と相談して，取得しない部分について
は，筆界を確認せずに分筆する，いわゆる残地扱いにする方法
を検討することになると思います。その場合でも，実務的には
大変です。

織田：所有権で勝ったとしてもかなりやっかいですね。裁判上の手続
も必要でしょうし。

徳川：やっかいです。

織田：もし，１番の土地の筆界がこちらの主張どおりであれば，どう
なるのですか。

徳川：１番の土地について，地積更正登記をすることになります。

織田：公図と異なりますが。

徳川：地図訂正も必要になるでしょう。

織田：このケースでは，他にどの資料を見ればよいのでしょうか。

徳川：何といっても，現況平面図です。占有状況は，乙山さんの主張
の根拠ですから。現地を測量して，現況平面図を作成した上で
もう一度検討しましょう。古い空中写真や明示図面も見てみま
しょう。

6　公共用地との境界明示書と明示図

織田：道路境界確定協議書と書かれています。図面（図16参照）がつ
いてますね。

徳川：3番2の土地と，道路との境界を確定したことを示す図です。最近確定したのですね。この図を明示図と呼ぶことにしましょう。

織田：明示図から何がわかるのですか。

徳川：分筆申告図を復元するときの起点（準拠点，基点，図面を比較したり重ねたりする際の共通点），この場合は起線（基線）というべきでしょうか，それを特定するのに使います。実際，使えるかどうかはやってみないとわかりませんが。

織田：どういうことですか。

徳川：なにせ，明示図に示された線が，分筆当時測ったのと同じ線かどうかが問題です。それに測量がどの程度の精度かわかりません。

図16　明示図

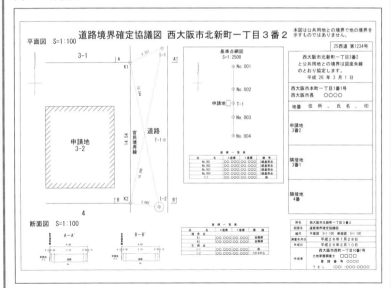

織田：精度が良く，利用できるとして，どのように活用するのですか。

徳川：現況平面図に，分筆申告図面と明示図を重ねて，図面どおり復元した線がどこに来るかを調べます。

織田：現況平面図が重要ですね。

徳川：そうです。どこを測るか，ということも重要です。空中写真も取り寄せましょう。

7　その他の資料

織田：なるほど，他には何かありませんか。

徳川：図面を見るとき，これもふだんは，一瞬のうちに無意識にやっていることなのですが，筆界が記載されている図面かどうか，という判定が重要です。

織田：例えばどういうことでしょう。

徳川：例えば，市町村には地番図があります。

織田：けっこう正確ですよね。

徳川：地形的には正確かもしれませんが，描かれている区画線が筆界である根拠はありません。

織田：何か特に注意することはありますか。

徳川：図面と帳簿はセットになっています。当たり前のことで，普通にやっていることなので余り意識しないのですが，重要なことです。和紙公図を調査するときは，土地台帳を同時に調査する，というようなことです。

第4章　資料の読み方

【解説編】

1 資料の見方の基本

(1) 資料は本物か，筆界を示す資料か調査する

　法務局で調べた資料ではなく，私人がもっている資料については，まず，本物かどうかの判断が必要である。偽物ではないにしろ，副本や写しであることも多い。どこで入手したか，いつ誰がどのような目的で作成したか調査し，用いる場合は，真偽をよく吟味して用いなければならないことは言うまでもない。

　次に，その資料が，筆界を示す資料かどうか，あるいはどのように筆界と関わるかを検討する。

　さらに，必要な精度があるか，復元が可能な資料かを検討しなければならない。

　以上の判断は，専門的な知識を要する部分であるので，この分野の専門家である土地家屋調査士に相談することを勧めたい。

(2) 帳簿と図面は一緒に検討する

　帳簿と図面はセットになっている。例えば，土地台帳で表現できない土地の位置形状を土地台帳附属地図で表現している。登記記録と地図情報もセットになっている。したがって，筆界を調査する場合には，どちらか一方だけではなく，両方を同時に見ることが必要である。

2 筆界創設事由による資料の見方

　筆界が創設された事由や時期により，資料の見方が異なる。紛争になる筆界創設事由は，主として次の三つである。筆界創設事由ごとに重視すべき資料は異なる。

71

(1) いわゆる原始筆界

地租改正の過程で創設された筆界である。土地台帳とその附属地図が基本的な資料となる。これらにより筆界を調査できないときには，様々な資料を総合的に検討して判断することとなる。

(2) 分筆によって生じた筆界

地積測量図がもっとも重要な資料となる。

(3) 耕地整理や土地区画整理事業などによる筆界

換地確定図が重要な資料である。ただし，区画整理事業ごとに個別の事情や状況があり，よく検証してから用いる必要がある。

---

3 主な資料

(1) 登記記録，閉鎖登記簿，土地台帳について

現在交付されている登記事項証明書により，その土地の，創始からの沿革がわかるわけではない。いわゆる原始筆界は，明治時代の地租改正の過程で創設されたものであるが，創始の記録である，地券大帳は，まれにしか見られない。多くの場合，法務局に保管されている土地台帳が最も古い記録となる。この土地台帳の制度は，昭和35年の不動産登記法の一部改正により廃止され，土地台帳は登記簿に統合された。

一方，権利の登記は，不動産登記法が担っていた。所有権などの権利は，必ずしも登記されるとは限らなかった。

登記簿は，土地台帳から引き継いだ記録（表題部）と権利を登記した記録（甲区，乙区）から成り立っている。登記簿は，何度か用紙を新たにして書き換えられた。その際，古い登記簿は閉鎖された。これを閉鎖登記簿という。さらに，紙に記録され簿冊になっていた登記簿の内容は，データとしてコンピュータに記録されるようになった。現在，交付される登記事項証明書は，これを紙に印刷したものである。

直接的に筆界と関わる情報は，地積である。しかし，地積の数値だけで

は，土地の位置形状まではわからない。そこで，地図を見ることになる。地図が整備されていない場合，地図に準ずる図面や和紙公図を判読していくことになる。

(2) 公図について

　筆界は，登記上の境界であることから，法務局に備え付けられている資料調査が基本である。不動産登記法14条１項に規定された地図，いわゆる14条地図には筆界が記載されている。

　大阪をはじめ，関西圏では14条地図が備え付けられていない地域のほうが多い。そのような地域に備え付けられているのが，不動産登記法14条４項に規定された地図に準ずる図面である。これを公図と呼んでいる。法務局から交付された地図に準ずる図面の写しを見ると，種類欄に「旧土地台帳附属地図」と記載されていることが多い。そこで，公図を「土地台帳法施行細則第２条に規定された地図」と定義している場合もある。

　地図に準ずる図面の写しは，白黒，つまり着色がない図面として交付される。水路には「水」，里道には「道」と記載されている。地番が記載されているが，土地が狭くて書けない場合には矢印で引き出したり，イ，ロ，ハなどの符号をつけ，上部欄外に地番を表示している。

　地図に準ずる図面は，今ではデータであるが，その前は「マイラー」と呼ばれるポリエステル・フィルムに記載されていた。さらに，その前は，明治初期に作成された図面が備え付けられていた。和紙に描かれていたことから，これを和紙公図と呼ぶ。マイラーは，和紙公図を書き写したものである。和紙公図は，彩色されている場合が多い。里道は赤，水路は青，田，畑などにも着色されている。

　公図の精度は，様々である。したがって，公図ごとに検討した上で用いる必要がある。

(3) 地積測量図について

　土地台帳法時代に作成されたいわゆる分筆申告図を含め，地積測量図は変化し続けてきた。質は向上し，意味合いも変化してきた。

古いからといって，精度が悪いとは限らないが，地積測量図は新しいものほど精度がよい。平板測量よりＴＳ（トータルステーション。角度と距離とを同時に測る測量機）による測量の方が精度において優れている。

　地積測量図に求めるものも変化する。土地台帳時代（昭和35年の一元化期日までの時代で，登記所ごとに異なる。）には面積が重要な要素であった。このことは，地積測量図のみならず，公図に記載された分筆線にも影響した。一元化後，不動産登記法の時代になって，徐々に現地の位置特定や復元の機能が求められるようになってきた。地積測量図作成のための規則も変化している。境界標の記載が義務づけられ，次には引照点（見出し点，控えの点）が求められるようになった。現在では，原則として，基本三角点等に基づく測量がなされている。

　宅地化が進み地価が高騰したため，筆界を確認する手続も年々，よりていねいに行われるようになってきた。

　上記を総合してみると，地積測量図の質は，一元化期日までの土地台帳の時代と，不動産登記法の時代の間に画期がある。また，それぞれの中でも段階的に変化していった。実務的には，各法務局における不動産表示登記事務取扱基準に従って作成された。土地家屋調査士の意識も，より慎重に筆界を調査するように変わってきた。

　以上のことを踏まえて地積測量図を見ていくことが重要である。1枚の地積測量図を手にしたとき，実際に現地を測量した図面かどうか，測量したものである場合，どのような測量が行われたのか，精度はどの程度か，筆界はどのようにして確認したのか，隣接地の土地所有者と立ち会ったのか，どのような法令や基準に従って作成されたのかなどを総合的に判断しながら分析していくことになる。これらの判断は，土地家屋調査士の知識が必要とされる。

(4) 明示図 （公共用地境界確定図など呼び方は様々である。）について

　公共用地との境界を協議して確定した図面である。協議，つまり話し合って決めた線であり，筆界であるとは限らない。理屈の上では，所有権

界であり，管理区域線の場合もある。しかし，登記実務上，明示線を測量し，登記申請した場合は，ほとんどの場合，筆界として認められるのが実情である。

第2 測量結果の検討

【事例編】

：織田 弁護士　：徳川 土地家屋調査士

測量を終え，徳川先生が，測量した結果と空中写真を持ってこられた。分筆申告書添付図面（以下「分筆申告図」という。）との関係について，いろいろ聞いてみよう。

1 現況平面図

徳川：現況平面図が出来上がりました。重ね図と調査素図も作ってみました。空中写真も届きました。

織田：乙山さんの主張は，どうなのでしょうか。

徳川：こちらを，ご覧ください。現況平面図に分筆申告図を重ねてみました。起点が適当かどうかという問題はあるのですが，道路の書き方から，ほぼこんなものでしょう。3番2の土地の占有状況とも一致します。

織田：乙山さんの主張どおり，ということではないのですか。

徳川：分筆申告図に記載されている筆界が正しい筆界であれば，そうなのですが……。

織田：分筆申告図に記載されている筆界が正しい筆界ではない，というのなら，分筆申告書や添付図面を調べる意味があるのでしょうか。

徳川：分筆申告図に記載されている線のうち，分筆線，つまり3番1と3番2の間の線は，分筆によって生まれた筆界線なので，筆界を表しています。しかし，周囲の線は，果たして筆界線を表しているかどうかわかりません。せめて，立ち会った記録でも

あれば，よいのですが……。

織田：では乙山さん所有の1番との筆界線は，この図面どおりではないわけですね。

徳川：微妙です。そこが問題なのです。

織田：どういうことですか。

徳川：簡単にいえば，占有状況，分筆申告図からは乙山さん有利，公図からは，甲野さん有利，ということになります。ここで，筆界がどうやってできたかということがクローズアップされます。問題の筆界は，地租改正の過程でできた筆界，いわゆる原始筆界です。ということは，これを表す資料としては，和紙公図と土地台帳が最も重要な資料になってきます。

織田：その場合，分筆申告図はどうなるのですか。

徳川：立ち会ってから測量したのであれば，所有権の同意があったと主張できるのではないですか。通常は，所有権界と筆界は一致しますから，そこが筆界であると推定されないでしょうか。公図がこれに反する資料となるかどうか……。私が筆界調査委員という立場なら，この場合は公図による筆界線を優先するかもしれません。

織田：……。ところで，調査素図とは何ですか。

徳川：図面と簿冊は同時に見なければならないのですが，両方同時に見るのは不便です。そこで図面に，登記の内容を書き写したものを調査素図といいます。私はそれに，特に注意したいことを書き込んでいます。明示図の有無や，杭のある位置などを書き込んでいます。

織田：それなら，私も作りました。これです。

徳川：そうそう，それに，地目とか地積を書き込むことがあります。使いやすいように，いろいろ書き込んでおくといいですね。

2 地積と求積図

　求積図には，Ａ－Ｂ線を採用したときの実測面積と登記面積とが比較されている。表の部分だけ書き出すと以下のようになる。

	登記（㎡）	実測（㎡）	実測／登記
1番	224.79	231.40	1.03
2番	158.68	165.29	1.04
3番1	211.57	237.36	1.12
3番2	158.67	159.34	1.00

徳川：隣地所有者と立ち会ったりして，筆界の確認をしたわけではありません。面積が，大きくは違う，ということにはならないでしょうが，確定的な面積ではありません。目安程度に考えてください。面積が決め手になるような場合，本格的に調査するときは，他の筆界が妥当かどうか，検討する必要があります。

織田：面積の増加率は，3番1が一番多い。1番の増加率は少ない。これって有利な資料ではないのですか。

徳川：3番1と3番2を分けて考えてはいけません。本番の3番で考えなければ。3番2を実測して分筆しました。3番1は実測せず，公簿面積から3番2の面積を引き算しただけです。そのため，本番の3番が元々持っていた面積の増加分が3番1に片寄ってしまったのです。実測が登記（登録）面積より多いことを「縄延び」といいます。ここでは「実測／登記」を「縄延び率」ということにします。分筆する前の3番の面積を考えてみましょう。

	登記（㎡）	実測（㎡）	実測／登記
3番1＋3番2	370.24	396.70	1.07

第4章　資料の読み方

織田：それでも1.07倍は，1番の縄延び率1.03倍より大きいのではないですか。

徳川：2番の土地の土地台帳を見てみましょう。

織田：えっ，2番は関係ないでしょう。

徳川：1番の土地には，当初の地目が郡村宅地となってます。2番の土地も，土地台帳も同じように，郡村宅地となってます。そして，1番の土地の縄延び率と同じぐらいの率です。1筆だけの検討で，縄延び率の傾向を決めつけることはできませんが，宅地（郡村宅地）と田で縄延び率が異なっていたのかもしれません。

織田：面積からは，乙山さん有利とは言えないということですか。

徳川：面積がアンバランスだ，と主張することはできるでしょうが，この程度の差では採用されるかどうかわかりません。

3　空中写真

徳川：空中写真も入手しました。これは，昭和22年に極東米軍が撮影したもの，こちらは昭和36年に国土地理院が撮影したものです。

織田：昭和22年の写真には乙山さんの家は写ってますが，3番地には何もありません。

徳川：昭和22年の写真では，筆界付近に田んぼの畦道が写っているようにも見えます。

　昭和36年の写真には，3番1と3番2に家が建っているように見えます。通路には，白い筋が2本，写っています。いつも車が通っているため，草が生えていないところでしょうか。問題の箇所は，黒い帯状になっていますね。塀の影が写っているようにも見えますが，よくわかりません。

織田：これが，筆界とどう関係するのでしょうか。

徳川：この件では，問題にしている筆界について，決め手にはなりま

79

せん。しかし，全く，とんでもない位置を主張しているのでは
ないことがわかります。詳しく調べないとわかりませんが，昔
の畦道の位置は，おおよそ現在のフェンスの位置ですし，南北
に直線になっています。その意味では，公図と一致しています。
昭和22年の時点で，1番は宅地，3番は田んぼだった。昭和36
年には3番1も3番2も宅地になっていた。つまり，公図や土
地台帳の記録と一致しています。

織田：空中写真では，畦道が写っています。畦道が筆界だ，というこ
とが言えるのでしょうか。

徳川：畦道の位置が明治初年のころと変わっていなければ，目安には
なると思います。

織田：ずいぶん慎重ですね。

徳川：空中写真には，撮影されたときの土地の様子が写っています。
しかし，直接筆界が撮影されているわけではありません。

　　空中写真を利用した筆界の判定には限界があります。何より
も解像度が低い。それに，畔が筆界だと言えるのかどうか，畔
のどちら側が筆界か，空中写真の傾きや歪みをどう処理するの
か，解決しなければならない課題が多くあります。なかなか困
難だと思います。

　　この件では，占有状況や，畔道や塀などの移り変わりを参考
にしたり，他の資料が正しいことを裏付けるような使い方をし
ましょう。

　　この時代には，田んぼだった，とわかります。建て替える前
の家が写っていたりします。境界付近の状況についても，忘れ
ていたことを思い出すことがあるかもしれません。

織田：占有していたことを証明できるでしょうか。

徳川：どちらとも言えませんね。

第4章　資料の読み方

<hr>

【解説編】

<hr>

主な資料（つづき）

(1) 現況平面図について

　現況平面図とは，現地にある地物をありのまま測量した図面である。現況平面図は，それ自体が現況を示すという意味で重要であるばかりではなく，主張する境界の根拠となる現地の地物を表記するという意味においても重要である。また，他の資料と対比するときに基礎となる図面である。説明したい箇所に符号を付ける。互いに確認しあった線を示す。検討図や重ね図の元図としてもなくてはならない。

　したがって，筆界を調査するために作成される現況平面図は，筆界付近の状況が特に重要である。また，事前にわかっていれば，他の図面と共通の地物を測量しておく。比較したり，重ね図を作成したりする際に必要になるからである。

　主張線を記入し，また，場合によっては，双方の主張線を記入する。最終的には，隣接の土地所有者と相互に確認し合った線を記入して，筆界確認書や境界確定協議書に添付することになる。

　近年，登記申請書に添付する地積測量図が，基本三角点等に基づく測量を求められていることから，現況平面図も同様に測量されることが多い。

(2) 求積図について

　求積図とは，求積したい範囲の地積を求めた図面である。ここでは，分筆登記や地積更正登記に添付する法定の地積測量図と混同しないように，「求積図」という語を用いた。

　地積の測量は，筆界を確認し，境界標を設置してから行うほうが，経済的である。しかし，現地で筆界が確認でない場合，実測面積と登記面積とを比較して筆界を検討する必要がある。この場合，調査する筆界線以外の筆界線が妥当かどうか検討する必要がある。これらが筆界として妥当な位

81

置でなければ，面積の検討は意味がない。

なお，「地積」と「地籍」とは意味が異なる。例えば，国土調査法による「地籍調査」とは，「毎筆の土地について，その所有者，地番及び地目の調査並びに境界及び地積に関する測量を行い，その結果を地図及び簿冊に作成すること」である。「地積」は単に土地の面積であり，「地籍」は「地積」を含む土地に関する総合的な情報である。

(3) 空中写真について

国土地理院が公開している空中写真のうち，米軍が昭和21年から昭和23年にかけて撮影したものが最も古い。その後も，何度か撮影され，現在では，国土地理院のウェブサイトで閲覧することができる。さらに，その画像データをダウンロードすることもできる。また，日本地図センターから，より解像度の高い空中写真を購入することができる。

このデータを，他の図面や，異なる時期の空中写真と比べて見ることにより，違いがわかることもある。技術的には，図面の重ね図を作成すると，よりわかりやすい。

一方で，空中写真には，傾きや歪みが含まれている。小縮尺で解像度も不十分である。地形や利用状況などはわかるが，空中写真に筆界そのものが写されているわけではない。これらのことを考慮して，空中写真を利用しなければならない。

(4) 重ね図について

パソコンとソフトの発達により，ここ数年の間に，急速に進歩した技術である。新たに測量した図面と既存の図面を比較する場合，2枚の図面の縮尺を合わせて，どちらかの図面を透明な紙に転写する。それをもう一枚の図面に重ねて比較すると一目で，同じ箇所と異なる箇所がわかる。これをパソコン上で処理できるようになってきた。

この技術は，有用である反面，個々の資料の特性を検討せずに安易に用いられると，誤った結論が導かれることになる。

◆ COLUMN

資料を総合して分かること
～登記記録，閉鎖登記簿，土地台帳の利用～

　公図により，隣の土地の地番が分かれば，その登記記録を調べることができる。これを，土地の最初の記録まで遡ってみると，今まで見えなかった事情が見えてくることがある。

　常に何かが分かるわけではないが，特別な事情や誤りを見過ごさないためにも，調べておくべきである。

　例えば，隣り合った1番と2番の土地について，過去の地目，地積，所有者の住所・氏名，所有権移転した事由などを調べていくと，現在の占有界が筆界ではない可能性が見えてくる場合がある。

1番　郡村宅地　45坪　所有者A ／ 2番　田　1畝15歩　所有者B	明治時代の最初の記録（1畝15歩は45坪と同じ）
1番　宅地　45.00坪 ／ 2番　田　1畝15歩　所有者A′	昭和初期。A′が相続した。A′は2番も取得。
1番　宅地　45.00坪 ／ 2番　宅地　45.00坪　所有者A″	昭和22年。両方の土地が宅地になった。A″が相続。A″の住所は遠方。貸家にしていた。建物の調査も必要。破線は建物の敷地の範囲。
1番　宅地　45.00坪　所有者C ／ 2番　宅地　45.00坪　所有者D	昭和35年。住んでいた人に，建物と同時に土地を売った。
1番　宅地　148.78㎡　所有者C′ ／ 2番　宅地　148.78㎡　所有者D′	現在。次の世代に相続した。登記された面積より，一方は多く，一方は少ない。

◆ COLUMN

QGISの活用

　複数の図面を重ね合わせて検討することは，資料を分析する上で便利である。以前は，一方の図面を透明なフィルムや，トレーシングペーパーに写して，図面を重ねた。ソフトも高価だったし，パソコンの性能も十分ではなかったため，パソコン上で，このような作業をすることは一般的ではなかった。

　近年，「QGIS」というPCソフトが公開され，重宝している。本来，地図上に様々な情報，例えば，上下水道，ガス管，電力，電話などの位置情報を重ねて表示するためのソフトである。またある位置で堤防が決壊すると，どの範囲が水に浸かるか，といった地形に関わる分析も得意とするソフトである。このようなソフトを地理情報システム（GIS）と呼んでいる。

　本来の利用方法とは異なるが，製図用の数値データだけではなく，複数の画像データを重ねる機能や3D（3次元）のデータを簡単に作ることができる。日本土地家屋調査士会連合会でも『「重ね図」作成手引書』を作成し，その中で利用法を解説している。

　利用する利点は，上記で述べたほか，何と言っても，無料で提供されていること，プログラムが公開されていること，プラグイン（利用者が付け加えて使う便利な機能。これも，多くが公開されている。）が豊富なこと，などである。

　機能的な利点としては，数度のクリックで3Dデータを作成できること，重ねたデータを半透明にして，下の画像や図面を透かして見ることができること，インターネットにつなげて，国土地理院やGoogleの空中写真や地図を取り込めることなどである。

　一方で，困った点は，バージョンアップが早すぎることである。研修マニュアルがすぐ使えなくなってしまう。このような説明も，読者の手にわたるころには，役に立たない情報になっているかもしれない。

◆ COLUMN

公図の利用〜登記記録，閉鎖土地登記簿，土地台帳とともに〜

　和紙公図と土地台帳は，併せて見なければならない。土地台帳で表現できないことを和紙公図で表し，和紙公図に書けない情報を土地台帳に記載しているからである。両方併せてこそ，完結した「地籍（土地情報）」なのである。現行の不動産登記においても，地図情報と登記情報は互いに補い合っている。

　地図や公図により，調査する土地の位置と形状，大きさがわかる。隣接する土地との位置関係もわかる。現地と合っていればよし，合っていなければ，さらに調査することが必要だろう。特別な事情による地図の誤りや，地図に分筆線を書き入れる際の誤りなどが見つけられることがある。

　現地と合っていないことに気づくためには，十分な調査と，それらを分析するための基礎知識が必要だ。

第5章　手続選択

　本章では，手続選択の視点から必要な内容について，各制度の特徴等についての概略を述べている。筆界特定制度の詳細については第6章を，境界確定（筆界確定）訴訟・所有権確認訴訟等の訴訟手続の詳細については第7章を，ADRの詳細については第8章を，それぞれ参照されたい。

　なお，本章において「ADR」とは，調査士会ADRを中心として解説している。

【事例編】

：織田　弁護士　　　：徳川　土地家屋調査士

　徳川先生に指導していただきながら資料収集をした上，資料の読み方を説明してもらい，大まかな状況についてわかってきた。しかし，全く経験がなく不安もあったため，念のため先輩弁護士に境界紛争の概要を確認したところ，いくつかのポイントに関して，徳川先生とさらに協議をして，方針を決めた方がよさそうだとわかった。

【乙山さん作成の見取り図】
・当　方（乙山）の主張線　C－D
・相手方（甲野）の主張線　A－B

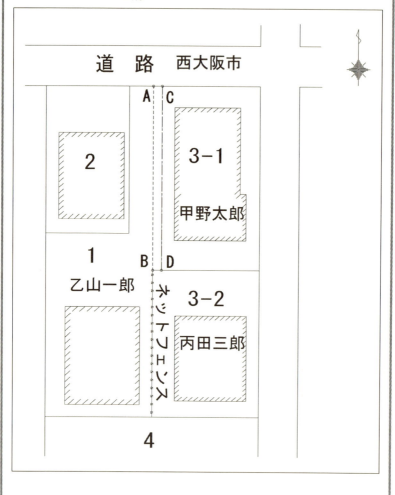

第5章　手続選択

1　境界確定（筆界確定）訴訟

織田：先日，徳川先生から資料の解説をしていただきました。今日は，それを踏まえて，今後どのような方法をとるべきかご相談したいのです。

徳川：私でわかることであればどうぞ。

織田：ありがとうございます。では，今までお話しいただいたことも含めて，再度整理していきたいと思います。自分なりに調べたり，先輩弁護士に相談したりして検討した結果，おおまかには，①境界確定（筆界確定）訴訟，②所有権確認訴訟（調停），③筆界特定制度，④各種ADRといった方法があることがわかりました。もし，筆界がC－D線になりそうなら，境界確定（筆界確定）訴訟をすればはっきりすると思います。先日のご説明では，占有状況と分筆申告図からは乙山さん有利，公図からは甲野さん有利とお聞きしたのですが，実際のところ，筆界はどの線になりそうでしょうか。

徳川：う～ん，見込みを示すのは難しいですね。やはり，先日と同じで，結論は示せないです。現在の占有状況や分筆申告図の線を参考にすれば，C－D線に近い線になりそうですが，公図ではA－B線に近いと思います。C－D線になるだろうという見込みで動いてしまうには，リスクがあると思います。

織田：そうですか……。筆界がC－D線なら，境界確定（筆界確定）訴訟をして，判決が確定すれば，それに基づいて登記もできますし，問題がないと思いました。甲野さんの協力がないと杭を入れるのは難しいかもしれませんが，復元可能な図面で特定してもらっていれば，しばらくしてからでも甲野さんに杭入れを協力してもらうよう試みることもできるでしょうし。

徳川：そうですね。ただ，そもそも論として，筆界がはっきりわかるような状況であれば，筆界についての紛争は起きにくいように

89

思いますから，「紛争が起きているけれども客観的資料から筆界が画一的に出せる」という事案は，一方当事者がよほど無理な主張をしている等でない限り，それほど多くないようにも思います。

2　筆界特定制度

織田：確かにそうですね……。ところで，筆界に関しては，訴訟のほかに法務局の筆界特定制度を利用することも考えられますね。筆界特定制度だと，法務局の筆界特定登記官というわば境界の専門家が筆界を示すものなので，客観的に間違いがないような気がします。先輩から，最近では境界確定（筆界確定）訴訟を提起した場合に，裁判所から双方当事者に対して，審理の前提として，筆界特定制度を利用してはどうかと打診されることもあると聞きました。訴訟係属中に，訴訟とは別で，当事者が筆界特定の申請を行って筆界を示してもらい，それを踏まえて訴訟の判断や和解等が行われるケースもあるそうです。そうであれば，先に筆界特定制度を利用した方がよいのでしょうか。

徳川：そうですねえ。資料収集・調査や判断についての専門性が，筆界特定制度の一番の特色だと思います。筆界特定制度では，当事者が提出した資料以外にも，職権で資料収集等や調査を行い，法務局の筆界特定登記官が，土地家屋調査士など専門家である筆界調査委員の意見を踏まえて筆界を示します。そのため，客観的にあるべき筆界と矛盾した結論になることは少ないと思います。裁判の場合，当事者が提出した証拠に基づいて判断されることが多いと思われますが，土地によっては特別な資料が存在したり特別な慣習があったりする地域もあり，すべてを把握できないままに判断がなされる可能性もありますね。

第5章　手続選択

織田：だから，境界確定（筆界確定）訴訟を提起した場合でも，筆界特定手続を先にしてはどうかと裁判所から提案されるケースがあるのですね。

徳川：ただし，筆界特定制度の場合，専門家が，職権で，当事者では収集ができないような資料も取り寄せて検討するわけですから，当事者が思いもよらないようなところに筆界が示される場合もあり得ます。私たちも専門家ですが，相手方や第三者の土地に立ち入るには承諾が必要ですから，承諾してもらえなければ，依頼者以外の土地に立ち入って測量や調査をすることはできません。また，法務局が職権で集められる資料の種類や内容のすべてを，依頼者から私的に依頼を受けた一個人として収集できるわけではありません。事前の調査には限界があるのです。そのため，地域やケースによっては想定外の筆界が示される可能性も考えなければなりません。

織田：筆界特定手続で筆界が示されたら，その後の手続は甲野さんの協力がなくてもできますか。

徳川：法務局の登記記録に，筆界特定手続がなされた旨が記載されますし，甲野さんの協力がなくても地積更正登記の手続を行い，現状を登記記録に反映させることができます。

織田：もし，筆界特定手続で示された筆界に不服があれば，境界確定（筆界確定）訴訟を起こすことができますよね。

徳川：そうですね。筆界特定制度は，筆界特定登記官が認識を示すものにすぎず行政処分ではないので，訴訟で別の結果になればそちらが優先します。ただ，実際に裁判で別の筆界が示されることはそれほど多くはないのではないかと思います。なお，訴訟の前に筆界特定手続を経ている場合，当該訴訟において，筆界特定手続の資料が取り寄せられて判断の前提とされることも多いようです。

91

3 所有権確認訴訟＋所有権移転登記請求訴訟

織田：本件では，筆界がＣ－Ｄ線であるかどうかわからないですし，むしろ先日，徳川先生は，「自分が筆界調査委員という立場なら，この場合は公図による筆界線を優先するかもしれない。」とおっしゃっていましたので，筆界がＡ－Ｂ線になる可能性も想定されますね。境界確定（筆界確定）訴訟や筆界特定制度で乙山さんの主張が通らない可能性もそれなりにあるとすれば，乙山さん側が長年占有していることを理由に時効取得の主張を行い，所有権確認及び当該部分についての所有権移転登記請求をするほうがいい気がしてきました。

徳川：そうですね。本件で，仮に筆界がＡ－Ｂ線になるとして，ＡＢＤＣＡで囲まれた部分が３番１上にあるなら，所有権確認訴訟の結果を登記記録上に反映させるためには，当該部分を分筆した上で登記する必要があります。しかし，甲野さんが協力してくれないおそれがありますから，所有権移転登記請求も含めて行う必要があります。

織田：所有権移転登記請求についても確定すれば，乙山さんのみで登記手続ができますか。実は，先輩からは所有権移転登記請求の判決に基づいて分筆して登記するのは結構大変だと聞きましたし，先日徳川先生も，分筆登記をしようと思ったら３番１の全周囲の筆界を決めた上で行うとおっしゃっていたので，大変そうだなと思いまして……。

徳川：そうです。相手方の協力なく分筆登記をするのはすごく大変なんですよ。実際には，早い段階で，具体的な事案を示して，所有権関係の手続だけで登記ができるかどうか，法務局に確認をしたほうがいいと思います。また，少なくとも，判決書の添付図面などは事前に法務局に見てもらって，登記できるか相談しておいたほうがいいと思います。前にもお話ししたように，登

92

記所と相談して，取得しない部分については筆界を確認せずに分筆する，いわゆる残地扱いにする方法も検討することになると思いますが，その場合でも，実務的には大変です。

織田：このケースでは，筆界がA－B線とされるリスクはあるけれども，所有権確認及びその部分の移転登記をスムーズに行うという観点からは，先に筆界が明らかになることは意味があるので，境界確定（筆界確定）訴訟を起こす意味はありそうですね。

今問題になっているABDCAで囲まれる土地について，時効取得で所有権を取得しているとして登記してもらうとすれば，当該土地が1番上の土地なのか3番1上の土地なのかが問題になりそうですが，その前提として，当該土地と当該土地の北側に隣接する道路（西大阪市）や3番2との筆界も問題になるため，結局当該土地の地番の確定及び当該土地を含む地番と各隣接する土地との筆界がはっきりしないといけないわけですね。

そうすると，1番と3番1の筆界がA－B線と判断されるおそれがあるとしても，所有権確認をした部分について乙山さんが単独で登記手続をするためには，筆界（A－B線）を確定してもらう意味もあり，境界確定（筆界確定）訴訟に加えて，予備的に所有権確認＋所有権移転登記請求を行うということになるわけですね。そして，3番1と道路（西大阪市），3番1と3番2のそれぞれの筆界が判明していれば，甲野さんの協力がなくても，乙山さんが単独で，ABDCAで囲まれる部分を分筆して時効取得で所有権を取得している旨，登記記録に反映させることができる，ということですね。

徳川：そうですね。筆界特定手続を先にして，その後で，訴訟を行ってもよいと思います。時々，訴訟は勝ったけれど所有権移転登記ができないというケースを聞くことがありますので，弁護士さんにはその方法でちゃんと登記できるのか，というところま

で検討してもらうことが重要だと思います。

織田：今回調べたり教えていただいたりして，実際に，所有権確認訴訟＋所有権移転登記請求訴訟を経てきちんと登記できるところまで行うには，ケースごとにいろいろな検討が必要な上，かなり煩雑な手続が必要ですし，時間がかかることも多いように思いました。そもそも立証できるかという問題もある上，勝訴の見込みが高いとしても，個別に法務局に登記の可能性についても確認をしないといけないようですし，当初，紛争の相手方と思っていた土地以外の土地についても境界確定（筆界確定）をしなければならないこともあるなど，ずいぶん大変そうです。土地家屋調査士の先生のお力を借りなければできないと思いましたし，訴訟ではない形で解決が図られるなら，そのほうが当事者にとってもよいように思いました。

徳川：そうですね。相手方が協力してくれない場合に，登記まで完了するのは大変な場合もよくあります。時間もコストもかかります。相手方が硬化してしまう前に，早い段階で，話合いなど調整的な方法を検討するのもよいかもしれませんね。その意味では，ADRを利用するということも有用だと思います。

4　調査士会ADR

織田：ADRを利用できる場面としては，どういう場合が考えられるでしょうか。筆界がどこかという問題については，当事者の話し合いでは解決できないとされていて，境界確定（筆界確定）訴訟か筆界特定手続をするしかないと思うので，どういう場面でADRを利用できるかと思いまして。

徳川：例えば，１番と３番１との筆界がＡ－Ｂ線であることを前提に，ＡＢＤＣＡで囲まれる部分について，長年乙山さんが使用してきたことを重視して，甲野さんが乙山さんに譲渡するとか，乙

山さんが甲野さんに和解金を支払って乙山さんが所有者であることを確認したり，乙山さんが甲野さんから買い取ったりすることなどについて，調停をしてもらうことができます。筆界を当事者で決めることはできませんが，筆界の位置に関する当事者双方の認識が一致したことを確認し，ADRの手続と並行して筆界確認書を作成し，登記に活用するといった利用は可能です。この場合，3番1と道路（西大阪市），3番1と3番2との筆界を確定した上で，甲野さんに分筆・所有権移転登記手続の協力をしてもらうことになると思います。

　ただし，ADRの前に先に筆界特定手続をしている場合には，訴訟で別の線が決まらない限り，筆界特定手続で示された筆界を前提とする調停しかできないことになります。

　また，今回は違いますが，境界紛争に加えて，例えばABDCAで囲まれる部分に甲野さんの屋根がはみ出している場合に，撤去の可否・撤去の仕方等について調整を行うこともできます。さらに，筆界特定手続で一定の筆界が示され，乙山さんとしてはそれを尊重して杭入れをしたいのに，甲野さんが応じてくれないような場合にも，ADRを使って解決を図ることができます。

織田：そうすると，甲野さんが出席する見込みがあり，乙山さんの方でもABDCAで囲まれる部分を取得できるなら地番にこだわらない，少しお金を支払ってもよいなどと考えているような場合には，試してみる価値がありますね。いきなり訴訟をすると，甲野さんが，「何も悪いことはしていないのに被告として訴えられた。」と感情的になられるケースもあるので，「相手方」と話し合いをしたいのだというメッセージの方がよいこともありますしね。

徳川：甲野さんの協力が得られそうであれば，ADRだけではなく，裁判所の調停を利用することもあり得ますね。

5　手続選択にあたって考慮すべき視点

織田：今回のケースでは，筆界がどの線になるかわからないということなので，時効取得に基づく所有権確認訴訟等を行う必要もあるかもしれませんし，甲野さんが真向勝負で来られるなら，訴訟をすることもやむを得ないなとも思いました。ただ，正直，訴訟をして，登記まで完了することはかなり大変そうですし，私が大変なだけではなくて，時間的にも経済的にも乙山さんもかなりの負担がかかることになりそうだと思いました。その意味では，訴訟以外で解決ができるなら，その方が当事者にとってもよいのではないかと思います。

徳川：私もそう思いますよ。

織田：ちょっと考えてみたのですが，今回のケースは，現在の占有状況や分筆申告図の線を参考にすればＣ－Ｄ線に近い線，公図ではＡ－Ｂ線に近い線になりそうとのことでした。少なくとも本件の場合，乙山さんは筆界をＣ－Ｄ線と主張されていて，それはお父様からの話も前提にされています。他方で，甲野さんは多分Ａ－Ｂ線だと思っているのだろうと思います。どちらも自分が正しいと思って主張されているので，逆に，客観的にはこういうことですよ，と当事者に説得的な根拠とともに説明されれば，当事者もある程度納得して，その客観的な状況を踏まえて，次の話合いなどに進めるような気もします。

徳川：なるほど。

織田：弁護士としていろいろな立場の方の代理人をする中で，自分が正しいと思って主張されている方の中には，実は誤解等で自分の主張が間違っていたとわかったり，立証ができなくて自分の主張が通らないとわかれば，客観的な状況を前提として，次のステップとして話し合い等に進まれる方もおられました。そのため，もし，客観的な線がわかれば，その線を前提としてお互

いに話し合いができる場面もあるのではないかと思うのです。

徳川：さすが弁護士さんですね。その視点はとても大事だと思います。常々私も考えていたところでした。境界や筆界に関する紛争では，相手の土地を取り込んでしまおうと画策して主張する人もいるかもしれませんが，それは少数で，その線が自分の土地の境界だと信じて主張される当事者がほとんどだと思います。先祖代々その線だと聞いてきたとか，長年使ってきたとか，登記簿上の面積を確保しようとすればこの線になるとか，何かしらの根拠を持っておられることがほとんどです。なのに，線が違うと反論されれば，自分は正しいことを言っているのにうそつきと思われている，悪いことをしているように言われるなどと受け止められ，とても感情的な対立になってしまうことも多いように思います。悪気のない人たちの間での対立・紛争という類型ですので，客観的な線及びその根拠を丁寧に説明すれば，当事者も状況を理解され，示された結果を前提として話し合いに進むことは可能だと思います。もし，自分が当事者の立場だったら，そういう選択肢を示してほしいと思うと思います。

織田：徳川先生にそう言ってもらえて，うれしいです。ただ，「客観的な線を示してから話合いをする」ためにはどうすればいいのでしょうか。

徳川：例えば，比較的近年に区画整理事業がされた地域などでは，筆界が客観的にはわかりやすい場合があります。こういう場合には，ADRにおける調停手続において，筆界と考えられる線やその根拠を丁寧に当事者に説明することで，当事者に理解していただき，当該線を前提とした話合いを行い，所有権についての争いも含めて解決することがあり得ます。調査士会ADRでは，土地家屋調査士と弁護士とで調停を行います。筆界についても，時効取得等を含めた所有権の話についても，きちんと当

事者に説明して調停を進めることができますから，よいと思い
ます。

織田：なるほど。

徳川：また，本件のように複数の可能性がある場合には，筆界特定制
度を利用して筆界を示してもらった上で，その筆界を前提とし
て，所有権に関しての話合いをADRで行うという方法も有用
だと思います。

織田：弁護士だと，訴訟しなきゃ，と思ってしまいがちなのですが，
訴訟以外の選択肢もあること，かえってそのほうが当事者の利
益にかなうこともあり得ることなど，意識しておきたいと思い
ます。

徳川：織田先生のような熱心な弁護士さんが増えてくれるとうれしい
です。

織田：いろいろとご相談に乗っていただきありがとうございました。
今日のお話を踏まえて，方針を乙山さんと協議したいと思いま
す。

　徳川先生からいろいろと教えていただき，安心して事務所に戻ると，
乙山さんからの伝言が入っていた。法務局から，筆界特定手続の通知
や資料が届いたとのことだった。
　私は，乙山さんに連絡し，取り急ぎ，届いた資料一式を送ってもら
い，再度徳川先生に相談することとした。

第5章 手続選択

【解説編】

1 境界確定（筆界確定）訴訟

(1) 制度の概要

趣　旨：筆界（公法上の境界）を確定する（筆界を形成する）。

機　関：裁判所

特　徴：① 相手方が協力しなくても手続を進められる。

　　　　② 判決が確定すれば，一方当事者が納得していなくても，その内容に従って登記手続を行える。

　　　　③ 筆界を確定できるのは判決のみである。

留意点：① 当事者が提出した資料のみを前提に判断がなされることが多く，土地家屋調査士等の専門家が関わらないケースもある。

　　　　② 土地境界に関する訴訟は時間がかかる場合がある（「土地境界」に関する訴訟の平均審理期間は15.8か月であり，全体の20％程度は1審審理期間が2年を超えている。「裁判の迅速化に係る検証に関する報告書（第6回）（平成27年7月10日公表）」参照。）。

　　　　③ 判決書に添付される図面に不備があると登記ができない場合があるため，事前に登記受理可能（な程度に特定ができている）かどうかを当事者が法務局に相談しておくことが必要である（「第7章　訴訟」174頁参照）。

　　　　④ 筆界については和解で解決できない。境界確定（筆界確定）訴訟内で和解をする場合は，「所有権」に関する和解である。

(2) 本件では

筆界がC－D線であることが確定すれば，乙山さんとしては何の問題もないため，C－D線になる見込みが高い場合には，この方法を選択することもあり得る。しかし，A－B線（又はその他の線）になる可能性もあることを考慮すれば，境界確定（筆界確定）訴訟のみでは足りず，時効取得等

99

が主張できる場合などは，所有権確認訴訟＋所有権移転登記請求訴訟も予備的に申し立てるのかどうかを検討する必要があると思われる。

2 筆界特定制度

(1) 制度の概要

趣　旨：筆界（公法上の境界）を特定する（筆界を形成するのではなく，筆界特定登記官の筆界に対する認識を示すもの）。

機　関：法務局

特　徴：① 当事者が提出した資料以外にも，職権で資料収集等や調査を行ったり，相手方や第三者の土地にも立ち入って調査をすることができる。収集した資料をもとに，専門家である筆界調査委員（土地家屋調査士等）の意見を踏まえた上で，筆界特定登記官が筆界を示す。

② 相手方の協力がなくても手続を進められる。

③ 相手方の協力がなくても地積更正登記や分筆登記ができる。

④ 境界確定（筆界確定）訴訟よりも，費用負担が少ない場合もある。

⑤ 訴訟よりは早期に判断が示されることが多い（通常は6か月〜9か月程度。ただし事案の複雑性等によっては1年以上かかる場合もある。）。

留意点：① 行政処分ではないことから，筆界特定手続の結果には確定効がないため，示された筆界について不服があれば境界確定（筆界確定）訴訟を提起することができ，当該訴訟において別の筆界が示されることがある（逆に，境界確定（筆界確定）訴訟において判決が確定している場合，その後に筆界特定手続を行うことはできない。）。

② 職権で資料を取り寄せ，専門家が判断を行うので，個々の

弁護士・土地家屋調査士が把握していない，入手できないような資料が取り寄せられて判断されることもある。そのため，想定していなかった筆界を示される可能性が，訴訟よりもあり得る。

③　筆界特定登記官が筆界の認識を示すものであり，この結果だけでは越境物の撤去等はできず，境界標を設置することもできないので，当事者間で合意できない場合には，訴訟やADRの手続をとることが必要となる。

(2) 本件では

　事前の資料収集・調査の結果では，筆界が，Ｃ－Ｄ線になるとは限らず，筆界特定手続においてＡ－Ｂ線など別の線が示される可能性もある。

　ただし，時効取得に基づく所有権確認が認められる見込みがそれなりにあるとすれば，その前提としてまず筆界を明確にすることで，所有権確認・所有権移転登記請求訴訟等の手続がしやすくなったり，その後の登記手続が行いやすくなるというメリットもあり得る。そこまで想定した上で，まず筆界特定を申請するということも考えられる。

　また，筆界特定手続で示された筆界をもとにして，ADR等での協議を行う方法も考えられる。後述「5　手続選択にあたって考慮すべき視点」記載のとおり，当事者間の対立の原因が主に筆界の認識に基づくものである場合には，筆界を明確にすればそれを前提に協議を行うことができる場合もあるため，事案によっては，筆界特定制度＋ADRという選択肢もあり得，その場合には，先に筆界特定手続を行うことになる。本件でも，乙山さん及び甲野さんが，主に筆界の認識を原因として対立していると考えられる場合には，筆界及びその根拠について丁寧に示すことによって，双方が示された筆界を前提として話合いを行える場合もあり得る。

3 所有権確認訴訟＋所有権移転登記請求訴訟

(1) 制度の概要

趣　旨：所有権の範囲（私法上の境界）を確認し，それを登記記録に反映
　　　　させる。

機　関：裁判所

特　徴：①　相手方の協力がなくても手続を進められる。

　　　　②　筆界に関する当方主張が通らない場合でも，所有権確認訴
　　　　　訟＋所有権移転登記請求訴訟で勝訴が確定し，その後に必要
　　　　　な手続を踏めば，当該土地部分について，当方単独で，当方
　　　　　名義にすることができる。

　　　　③　多くの場合，時効取得に基づく所有権確認等を行うと思わ
　　　　　れるところ，お互いが主張・提出した内容をもとに判断され
　　　　　るため，当方にそれなりの証拠・状況があれば，比較的安心
　　　　　して対応できる。

留意点：①　所有権確認訴訟をしただけの場合，相手方の協力がなけれ
　　　　　ば登記はできない。

　　　　②　所有権確認訴訟＋所有権移転登記請求訴訟が確定した場合
　　　　　でも，それだけでは，単独では登記ができない場合がある。
　　　　　そのため，事前に法務局に必要な手続を確認したり，判決書
　　　　　や和解調書に添付する図面について登記が可能かどうか法務
　　　　　局に事前に相談しておく必要がある。事案によっては，当該
　　　　　訴訟以外に，紛争対象の土地と隣接する土地についての筆界
　　　　　特定等の手続が必要になる場合もあるなど，必要な手続は
　　　　　様々であり，時間的・経済的コストがかなりかかることもあ
　　　　　る。

　　　　③　訴訟の中で，和解をしたり調停に付されるなどして協議を
　　　　　行い解決することもあり得る。もっとも，相手方と調整がつ

第5章　手続選択

きそうな場合には，訴訟よりもADRや調停等のほうが早く解決できる場合もある（特に，訴訟となると相手方を刺激する場合もあるので，ケースによっては話し合いからスタートしたほうがよいものもあり得る。）。

(2)　本件では

所有権確認訴訟＋所有権移転登記請求訴訟のみを提起して勝訴した場合でも，甲野さんの協力がない場合，係争地周辺，すなわち，1番と3番1，3番1と道路（西大阪市），3番1と3番2の各筆界が判明していないと分筆登記ができないと思われる。そのため，それらが判明していない場合には，登記の前提として，それらについての筆界特定手続を行うなどの方法が追って必要になることもあり得る。

いずれにしても，代理人弁護士としては，土地家屋調査士の協力を得た上で，状況を把握し，必要な手続を確認して依頼者に説明することが必要である。安易に，「訴訟が確定すれば登記できる。」と説明することは危険であり，実際にどのような手続が必要か，そのためにどれくらいの費用や時間がかかることが多いか（最低でもこれくらいかかるなど）について，説明ができるよう（わからないことはわからないと説明することも含めて），弁護士自身が理解しておくことが必要である。

4　調査士会ADR

なお，民間ADRには，ここで説明する調査士会ADRのほか，公益社団法人民間総合調停センターがあります。

(1)　制度の概要

趣　旨：所有権の範囲（私法上の境界）を確認するほか，様々な事柄（越境物の撤去や境界標設置等）について柔軟に対応できる。

103

機　関：全国に設置された土地家屋調査士会ADR

　　　　（大阪の場合，境界問題相談センターおおさか）

特　徴：①　筆界や所有権界のほか，それらに付随する事項（建築物の
　　　　　撤去等）に関しても対象にできるなど，柔軟に対応できる。

　　　　②　お互いの納得のもとでの合意による解決を目指すため，判
　　　　　決等による解決に比較して，登記等の手続がスムーズである
　　　　　上，解決後に感情的な対立等が起きにくい。

　　　　③　筆界を合意で形成することはできないが，筆界の位置に関
　　　　　する当事者双方の認識が一致したことを確認し，登記に活用
　　　　　することもできる。

　　　　④　訴訟等に比して，早期に，低い費用で解決することができ
　　　　　ることが多い。特に，境界問題相談センターおおさかにおけ
　　　　　る，筆界特定後の境界標設置等に関する簡易調停の手続では，
　　　　　かなり安価な手数料で，早期に境界標設置等まで完了するこ
　　　　　とができる（「第8章　ADR」197頁参照）。

留意点：①　土地の筆界が現地において明らかでないことを原因とする
　　　　　民事に関する紛争以外では利用できない（「第8章　ADR」190
　　　　　頁，198頁参照）。

　　　　②　相手方の協力がないと手続を進められない。

(2) 本件では

　相手方である甲野さんが協議に出席する見込みがあり，乙山さんとして
筆界を争っているもののＡＢＤＣＡで囲まれる部分の利用が継続できるの
であれば，地番にこだわらない，場合によっては金銭解決も検討し得ると
いった事情があるなど，従前の利用状況等を踏まえて所有権についての調
整が図れそうな見込みがあれば，利用を検討する。

　筆界特定手続後に，筆界自体について争いがありつつも，そこで示され
た筆界を尊重した形で所有権の調整を行ったり，境界標設置等の調整を行
う場合にも有用である。

第5章　手続選択

　また，後述5に記載のとおり，当事者の対立の主な背景が，筆界の認識にある場合には，先に筆界特定制度を利用して筆界を示してもらった上で，示された筆界を前提としてADRで話合いを行ったり，比較的筆界がわかりやすいケースの場合には，ADRの中で筆界として考えられる線を根拠とともに丁寧に説明をした上で，その線を前提として協議を行うことも考えられる。

5 手続選択にあたって考慮すべき視点

　手続選択にあたっては，以下の点などを考慮すべきと考える。

　なお，当初からわかっている内容で判断するのではなく，以下の視点を意識して，当事者や関係者からの聴取，資料収集・資料検討等を行うことが必要である。

(1) 当事者の対立の背景はどのようなものか

　境界に関する紛争には，①主に筆界に争いがある場合，②主に所有権界に争いがある場合，③筆界・所有権界の両方に争いがある場合が考えられる。

①　主に筆界に争いがある場合

　双方の主張には通常，本人にとってよりどころとなる理由のあることがほとんどである。例えば，「先代から筆界はこの線だと聞いていた。」「売買の際に筆界がこの線であると説明を受けた。」「（あいまいな図面しかない場合に）図面上の筆界線を復元すると現地ではこの線になる。」「登記簿記載の面積が確保されるべきであるところ，そのためには隣地との筆界はこの線になる。」など，自分の主張が正しいと信じるだけの何らかの理由がある。

　いわば，双方が「自分こそ正義である」と考えて主張しているのであって，その場合，相手方から別の主張・反論がなされると，お互い余計に感情的・対立的になってしまうこともある。

105

他方で，「自分こそ正義である」と考えて主張している以上，自分が誤解していた，間違っていたと，きちんと説明がなされて理解できれば，逆に，正しい内容を前提として話し合える余地がある場合も一定数ある。

　そのため，一見対立が激しい場合であっても，第三者が入り，双方の主張を確認し，資料等を収集・検討し，筆界が出された場合には，「ちゃんとやってもらった結果としてこの線が示されているのだから，これを前提に話し合いをしよう。」と当事者が思うケースも少なくないと思われる。

　当事者の対立の原因が主に筆界にあると思われる場合には，筆界特定制度＋ADRを利用するということも有用であると考える。また，比較的近年に区画整理事業が行われている地域等で，現地によっては筆界がわかりやすいような場合で，一方当事者のみが納得できていないようなケースでは，最初からADRを利用し，第三者である専門家が丁寧に資料検討等を行って説明することで，納得できていない方の当事者が理解を示して，話合いができるケースもあると考えられる（なお，ADRではなく裁判所の調停制度を利用することもあり得る。ただし，裁判所の調停制度の場合，調停委員として土地家屋調査士や弁護士が必ずしも関与するとはいえない。）。以上のような場合には，示された線を前提とした上で，所有権に関しての話合いをすることも可能である。直ちに分筆して所有権移転登記まで行うこともあるだろうし，状況によっては，次に建て替える際に筆界を基準にして控えて建てることを約束する等の和解をすることもあり得る。当事者は，隣地同士の関係であるから，お互い悪気がない以上，できれば協議で解決できることが将来的にも好ましい。

　いずれも，もちろん最初から訴訟を提起することは可能であるが，訴訟を選択する場合の立証可能性，登記に行き着くまでの労力の大きさ（＝経済的コスト，時間的コスト），一般人が受けるイメージ（宣戦布告的，勝ち負け）等を現実の事案に即して実際に想定してみた上で，訴訟外の手続も選択肢の一つとして意識することが，依頼者のためには重要であると考える。

106

② 主に所有権界に争いがある場合

　主に所有権界に争いがある場合，多くの場合は，時効取得が問題になる
ケースであると考えられる（上記①で記載した内容は，当事者が所有権界の根拠
としてあげていることも多い。）。なお，調査士会ADRは，「土地の筆界が現地
において明らかでないことを原因とする民事に関する紛争」について相
談・調停を実施しているため，筆界に争いがない場合にはADRは利用で
きない（土地家屋調査士法3条参照）。

　所有権界に関しては，筆界特定制度では解決できない。他方で，所有権
確認訴訟＋所有権移転登記請求訴訟を行った場合，立証の問題があるほか，
仮に立証に成功して時効取得が認められたとしても，相手方の協力なしに
登記手続を完了させようとすれば，上記に記載のとおり，かなりの労力
（経済的，時間的コスト）を要することが多いと思われる。

　そうすると，まずは立証可能性についての検討を行うことが重要である。
その上で，立証可能性にリスクがあるなら調停制度やADRの利用も検討
すべきと考える。また，立証可能性がそれなりに高い場合であっても，訴
訟を行うことで相手方が硬化して協力してくれなくなるおそれがある場合
には，相手方が協力しない場合のトータルでの労力・コストを想定して依
頼者に説明を行い，依頼者側において早期解決の場合にいくらかの譲歩可
能性があるなら，ADRや調停制度を利用することも有用であると考えら
れる。

③ 筆界・所有権界ともに争いがある場合

　筆界と所有権界は同一の線であると考えてどちらも争っている場合には，
上記①に記載したことが当てはまると思われる。また，そうでない場合に
は，時効取得が問題になるケース等であると思われるから，上記②を参考
に検討することが有用と思われる。

(2) 立証可能性（依頼者の主張が各制度において認められる可能性）

　前提として土地家屋調査士の協力を求めることが必要であると考える
（その点についても，依頼者への説明と了解を得ることが必要である。）。

依頼者主張線が筆界として認められる可能性が高い場合には，筆界特定手続を選択することが多いと思われる。他方で，どの線になるか読みきれないという場合に，筆界特定手続にするのか訴訟にするのか悩ましいが，依頼者と相談の上，できるだけ多くの資料をもとに客観的にあるべき線を専門家に示してもらうことで納得しようという方向になれば，筆界特定制度を利用することになる。

筆界について依頼者主張線どおりになるかどうかわからない（他の可能性もあり得る）という場合であって，時効取得や何らかの所有権に関する権限を主張できる場合には，境界確定（筆界確定）訴訟に加えて，所有権確認訴訟等を行うこともあり得る。

他方で，筆界に関して依頼者主張線になる可能性が低い上，時効取得等が想定できず所有権界としても主張の根拠に乏しいケースの場合には，むしろADRや裁判所での調停制度の利用が検討されるべきと考えられる。

(3) 経済的コスト

筆界が明らかになれば紛争が解決する場合，筆界特定制度を利用するか，境界確定（筆界確定）訴訟を行うかについて，経済的なコストとしては，筆界特定制度を利用するほうが低額で対応できる場合が多いと思われる。

もっとも，主に所有権界が争点になっている場合には，筆界特定制度では解決できないため，訴訟を行うか，裁判上の調停手続やADRの利用を検討することになる。この場合，訴訟よりもADRの方が低額で対応できる場合が多いと思われる。もちろん，相手方が協力してくれなければADRの利用はできないが，訴訟前の方が（いわば宣戦布告になる前段階の方が）協議がしやすいケースもあるため，ケースを見極めて先にADRを用いるということもあり得る（もちろん逆ケースもあり，訴訟等を行った上で一定の方向性が出て，初めて協議に応じるという場合もあることから，相手方のキャラクターについて依頼者と相談して決するしかない。）。

また，紛争対象地の範囲が狭く，経済的合理性（費用対効果）を重視する場合には，ADRの利用が検討されるべきである。

第5章　手続選択

(4)　時間的コスト

　主に筆界について争いがある場合には，筆界特定制度を利用する方が，訴訟よりも早期に解決できる場合が多いようである（もちろんケースによる。）。

　主に所有権界に争いがある場合には，訴訟，裁判所における調停手続，ADRが選択肢としてあがるが，訴訟よりは調停手続やADRのほうが，解決できる場合には早期に解決できる。相手方が手続に応じるかどうかが不明の場合には，調停等を行ったが不出頭となり，結局訴訟提起をしなければならないということもあり得るが，そのことにより時間的にずいぶんロスをするということは考えにくく（相手方の意向が判明した時点で取下げ等すれば，1～2か月程度と思われる。），一度試してみる価値はあるのではないかと思われる。

(5)　依頼者の意向

　最終的には依頼者の意向によって決せざるを得ない。

　依頼者が一番気になっているところ，紛争において一番大事に思っている部分がどこかを見極めることが重要である。「先祖代々守ってきた土地だから1センチたりとも譲ることはできない。やるだけのことをやりたい。」等と考えている場合には，訴訟で最後まで戦い抜くということが必要になるであろうし，逆に，前記(1)①に記載した事情等から一定の線を想定しているが，正しい線が根拠と共に示されればその線に従おうという場合には，筆界特定制度を利用して対応するということも考えられる。

　また，想いの部分よりも，経済的・時間的コストによって合理的に判断をする依頼者もいる。

　想いの部分と合理性の部分は，境界紛争に限らず両方問題になる点であるが，特に境界紛争の場合には，どの程度の経済的・時間的コストがかかるのか，事案によっては依頼者の想定をはるかに超えることもあり得るので，弁護士サイドで調査・把握して説明をして選択してもらうことが重要である。

109

(6) 相手方の意向・見込み

受任段階では，相手方の意向や見込みについてはわかりづらいことが多い。しかし，協議に応じないとの態度が明確な場合には，筆界特定制度か訴訟を選択するしかない。

(7) 時効中断の必要性の有無

時効中断が急がれるケースの場合には，訴訟提起や裁判所における調停申立てを取り急ぎ行うべきと考えられる。

(8) ADRの利用可能性

手続選択のためには様々な視点からの検討が必要であるところ，上記のとおり，一定の事案に関しては，筆界特定制度＋ADRあるいは，ADRを最初から利用することによって，当事者が納得でき，かつ，できるだけ当事者の対立を激化させず，将来の良き隣人として存在できるような解決に導くことも可能である。

弁護士として，もちろん訴訟を選択することもあり得るが，選択肢の一つとしてADRの存在をきちんと認識して利用を検討することが，依頼者の利益にかなうことも多いと思われるため，留意いただきたい。

第6章 筆界特定制度

第1 筆界特定の申請の通知

【事例編】

：織田 弁護士　　：徳川 土地家屋調査士

> 手続選択についていろいろ検討している間に、甲野さんから筆界特定の申請が出たようだ。私は、法務局から乙山さん宛に送付された通知等を持って、再度徳川先生に相談した。

織田：徳川先生、筆界特定制度についてもう少し詳しく教えてください。

徳川：筆界特定制度とは、ある土地が登記された際の筆界を、現地において特定する制度です。新たに筆界を決めるものではなく、登記された際に定められた元々の筆界を、筆界特定登記官が明らかにする制度ですよ。織田先生、筆界特定室から送られてきた通知を見せてください。

織田：これです。通知文書と共に申請書（図17参照）のコピーや図面も入っています。それから、これが筆界特定制度のパンフレットです。

徳川：制度についてはパンフレットを見れば大まかなところはわかりますね。申請書は……。3番1と1番の土地との筆界の特定を求めていますね。

図17　通知と共に送られてきた申請書

筆界特定申請書

平成27年○月○日

○○法務局　筆界特定登記官　殿

申請の趣旨

後記１記載の甲地と乙地との筆界について，筆界の特定を求める。

申請人及び代理人の表示

申請人　　　　　　西大阪市北新町一丁目２番３号　甲　野　太　郎

申請人代理人　　○○市○○町○丁目○番○号

　　　　　　　　　　　土地家屋調査士　　豊　臣　武　蔵　㊞

　　　　　　　　　　　電　話　　000-0000-000

　　　　　　　　　　　ＦＡＸ　　000-0000-000

筆界特定添付書面等の表示

　　　　□資格証明書　　■代理権限証書　□相続証明書

　　　　□承継証明書　　□所有権（一部）取得証明書

　　　　□氏名変更（更正）証明書　　　□住所変更（更正）証明書

　　　　■固定資産評価証明書　　　　　■現地案内図

　　　　■手数料計算書　□その他（　　　　　　　　　）

第6章　筆界特定制度

1　対象土地及び対象土地に係る所有権登記名義人等の表示

甲地

```
不動産番号    12345○○○○○○○○○
所　　　在    西大阪市北新町一丁目
地　　　番    3番1
地　　　目    宅地
地　　　積    ○○.○○平米
所有権登記名義人等    西大阪市北新町一丁目2番3号
                        申請人　甲　野　太　郎

価　　　格    金○○○○○円
```

乙地

```
不動産番号    12345○○○○○○○○○
所　　　在    西大阪市北新町一丁目
地　　　番    1番
地　　　目    宅地
地　　　積    ○○.○○平米
所有権登記名義人等    西大阪市北新町一丁目2番2号
                        関係人　乙　山　一　郎

価　　　格    金○○○○○円
```

2 関係土地及び関係土地に係る所有権登記名義人等の表示

関係土地1	

不動産番号　　12345○○○○○○○○○
所　　在　　西大阪市北新町一丁目
地　　番　　3番2
地　　目　　宅地
地　　積　　○○.○○平米
所有権登記名義人等　　西大阪市北新町一丁目2番4号
　　　　　　　　　　　　　関係人　　丙　　田　　三　　郎

関係土地2	

不動産番号　　12345○○○○○○○○○
所　　在　　西大阪市北新町一丁目
地　　番　　3番1先道路
所有権登記名義人等
　　　　　　　　　　　　　関係人　　西　大　阪　市

3 筆界特定を必要とする理由

(1) 申請人は，甲地の所有権の登記名義人であり，甲地を自宅の敷地及び庭として利用している。
　　乙山一郎（以下「乙山」という。）は，乙地の所有権の登記名義人であり，乙地を自宅の敷地及び駐車場として利用している。

(2) 乙地は，別紙図面記載のとおり，甲地の西側隣接地であり，甲地と乙地との間にはフェンス等は設置されていないが，関係土地1と乙地との間にはネットフェンスが設置されている。

(3) 平成27年1月頃，乙山が依頼した工事業者が，甲地と乙地との間にフェンスを立てようとした。乙山が立てようとしたフェンスの位置は，申請人が認識している土地の境界よりも更に90センチメートルほど東側（甲地側）に越境していたため，申請人は乙山にフェンスの工事をやめるように申し出た。

第6章　筆界特定制度

(4)　申請人は，本件筆界は，関係土地1と乙地との間のネットフェンスの延長線上（別紙図面のA点とB点を結んだ直線）にあると主張したが，乙山は，そのネットフェンスから東側約90センチメートルの位置（別紙図面のC点とD点を結んだ直線）が筆界であると主張している。

(5)　以上のように，双方の筆界の主張が相違しているため，このままでは土地の筆界を確認することができない。そこで，本件筆界について，筆界特定の申請に及んだ次第である。

4　対象土地及び関係土地の状況

別紙図面のとおり。

5　申請人が筆界として主張する線及びその根拠

(1)　申請人は，本件筆界は，関係土地1と乙地との間に設置されたネットフェンスの延長線上（別紙図面のA点とB点を結んだ直線）にあると主張する。その理由は，以下のとおりである。

(2)　（以下略）

6　関係人の主張

乙山は，別紙図面のC点とD点を結んだ直線が本件筆界の位置を示すものであると主張している。

7　筆界確定訴訟の有無

■　無
□　係属中（　　　　裁判所　事件番号　平成　　年（　）　　　号
　　　　　　　　当事者の表示　原告　　　　　被告　　　　　　）

8　申請情報と併せて提供する意見又は資料

資料等説明書記載のとおり。

115

徳川先生によると，筆界特定制度のパンフレットや申請書の雛形が法務省のホームページ（http://www.moj.go.jp/MINJI/minji104.html）にあるらしい。直接書き込んで使える雛形（Word形式と一太郎形式）がダウンロードできるそうだ。書き方の見本もあるそうなので，時間のあるときに法務省のホームページを見ておこうと思った。

織田： この申請書には，筆界として主張する線は別紙図面中ＡとＢを結ぶ直線だと書かれています。あっ，一緒に入っているこの図面（図18参照）を見るのですね。

徳川： 今回申請された筆界は，以前，織田先生と一緒に調査したところですよ。

織田： 分筆申告図と公図や空中写真が一致していなかったところですね。筆界特定において，筆界はどのように特定されるのですか。徳川先生に調べていただいた際には，現地調査や資料の収集，測量等の結果をもとに筆界を検証されていましたが，筆界特定制度でもそのような調査等はされるのでしょうか。

徳川： もちろんです。筆界調査委員が，これを補助する法務局職員と共に，土地の実地調査や測量など様々な調査を行った上，筆界に関する意見を筆界特定登記官に提出し，筆界特定登記官は，その意見を踏まえて，筆界を特定します。

織田： 関係人等に話を聞くこともあるのでしょうか。

徳川： はい。関係人にも，意見書や資料を提出したり，今後，現地での立会や意見聴取等期日といって筆界特定登記官の面前で意見を言う機会もあります。当事者の１番の土地所有者乙山さんだけでなく，その筆界に接している３番２や道路の土地の所有者も，関係人として意見を聴いたり，実地調査に立ち会ったりする機会が設けられています。現地での立会や意見聴取等期日の

図18　申請人の主張図面

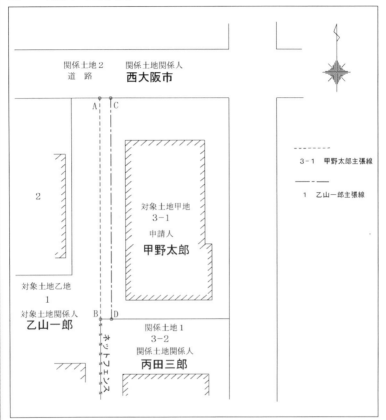

> 時はまた連絡がありますよ。

織田：この筆界特定制度にかかる費用は，申請人が負担するのですよね。どのくらいの費用がかかっているのでしょうか。

徳川：筆界特定制度を利用するときに必要な費用は２種類あります。まず，申請時に法務局に納める申請手数料です。これは，対象土地の固定資産税評価額をもとに，筆界ごとに計算します。もう一つは，測量等にかかる費用です。今回は土地家屋調査士が代理人になっており，測量や図面の作成もしていますね。仮に

　　　　測量しないで申請されたとしても法務局の委託測量が行われ，

　　　　その測量の費用はすべて申請人の負担になります。

織田：申請してから特定されるまでの期間はどのくらいかかりますか。

徳川：筆界特定制度での標準処理期間は法務局で掲示されています。

　　　　通常の事件であれば，６か月程度から，長くても１年程度で

　　　　しょう。ただし，複雑な事案の場合にはもっとかかる場合もあ

　　　　ります。

今回，私は徳川先生と共同で乙山一郎さんの代理人になった。

【解説編】

1 筆界特定制度とは

　筆界特定制度とは，筆界特定登記官が，申請人等に意見や資料を提出す
る機会を与えた上，外部専門家である筆界調査委員の意見を踏まえて，現
地における土地の筆界の位置を特定する制度である。これは，土地の所有
者として登記されている人などの申請に基づいて行われ，新たに筆界を決
めるのではなく，資料調査や実地調査など様々な調査を行った上で，元々
ある筆界を筆界特定登記官が明らかにする。

　筆界特定制度を活用することによって，公的な判断として筆界を明らか
にできるため，隣人同士で裁判をしなくても，筆界をめぐる問題の解決を
図ることができる。当事者のみでなく，求めたい筆界に接するすべての土
地の登記名義人等も，関係土地関係人として意見陳述，資料の提出等の手
続保障がなされている。なお，筆界特定の結果に不服があるときは，筆界
確定訴訟等の裁判で争うことになる。

第6章　筆界特定制度

2 筆界特定制度の意義

　筆界特定制度では，筆界調査委員という土地の境界に関する専門家の意見を踏まえて，筆界に関するあらゆる資料を収集し，より迅速かつ適正に筆界の特定がなされる。また，筆界特定により土地の境界が明らかになることは，所有権等の権利の客体となる土地の表題部を正しく公示することにつながり，不動産登記法の目的である「国民の権利の保全を図り，もって不動産取引の安全・円滑に資する」ことに貢献することになる。

　筆界特定制度が創設されたことで，筆界確定訴訟以外の解決方法ができ，手続選択の多様化がなされた。さらに，筆界確定訴訟においても，筆界特定制度の結果を活用することで迅速かつ的確な証拠収集が期待できる。

3 筆界特定制度の特徴

　筆界特定制度は，土地の所有者からの申請に基づいて行われ，申請にかかる費用は申請手数料及び測量等にかかる費用ともにすべて申請人が負担する。

　筆界特定制度では，筆界の不明な土地双方だけではなく，その筆界に接するすべての土地が関係土地になり，関係土地の登記名義人等にも手続保障がなされている。ただし，関係人がこの保障された手続に返答しなかった場合でも手続は進み，筆界は特定される。

　筆界特定制度では，筆界特定登記官が登記所に保管している資料のみならず，市町村が保管する資料等，有償，無償にかかわらず筆界に関するすべての資料を収集し，検討する。また，筆界特定制度の大きな特徴の一つに筆界調査委員という専門家が関与することがあげられる。筆界特定登記官が収集した資料をもとに土地の境界に関する専門家が検証し，筆界特定登記官に意見を提出することにより，迅速で的確な筆界が特定される。

　筆界が特定された後に筆界確定訴訟で争われた場合は，裁判官が，筆界

119

が特定された際の記録を取り寄せることも可能である。

4 筆界調査委員

　筆界調査委員は，筆界，測量や法律等の専門的知識・経験を有する者の中から，法務局又は地方法務局の長が任命する（不動産登記法127条）。土地家屋調査士や弁護士，司法書士を中心に任命されており，その任期は2年で，再任されることができる。筆界特定の申請の公告及び通知がなされたときは，対象土地の筆界の特定のために必要な事実の調査を行う筆界調査委員が事案ごとに指定される。申請されるほぼすべての事案で，土地家屋調査士の筆界調査委員が指定されている。これは，土地家屋調査士が筆界の確認や調査について最も専門的知識を有しているからである。また，紛争性の高い事案などでは土地家屋調査士の筆界調査委員と共に弁護士の筆界調査委員が指定され，お互いに共同して職務を行っている。

　筆界調査委員は対象土地等の実地調査及び申請人や関係人等からの事実調査，その他筆界特定に関し必要な調査をする。また，意見聴取等の期日に立ち会い，申請人や関係人等に質問をすることができる。

　さらに，筆界調査委員は，筆界特定登記官に対し，事実の調査の結果等について報告し，その事実の調査が終了したときは，筆界特定についての意見書を提出する。

5 筆界特定制度で使われる専門用語

(1) 対象土地

　筆界特定の対象となる筆界で相互に隣接する一筆の土地及び他の土地（不動産登記法123条）。

(2) 関係土地

　対象土地以外の土地であって，筆界特定の対象となる筆界上の点を含む

120

第6章　筆界特定制度

他の筆界で対象土地の一方又は双方と接するもの（同法123条）。

6 筆界特定申請にかかる費用

　筆界特定を申請するにあたって必要な費用は，大きく分けて二つある。

　申請時に納付する申請手数料と，筆界を特定するために必要な測量等の費用である。これは，どちらも申請人がすべて負担することになっており，相手方に費用負担の義務はない。

　一つ目の申請手数料は，申請する筆界ごとに算出し，一つの申請書で複数の筆界の特定を求める場合には，それぞれの筆界ごとに算出した手数料を合算して納付する。

　手数料の計算は，まず，対象土地の価格から基礎となる額を算出し，その基礎となる額をさらに計算式に当てはめて手数料を算出する。計算式は基礎となる金額によって異なるが（次頁表1，2参照），東京法務局のホームページには，エクセルソフトで簡単に手数料が計算できる「申請手数料計算シミュレーション」(http://houmukyoku.moj.go.jp/tokyo/static/hikkai-qanda.html#03) というリンクがある（平成28年3月現在）。

　対象土地の価格とは，固定資産課税台帳に登録された価格のある土地については課税台帳に登録された土地の価格を，固定資産課税台帳に登録された価格がない土地については近傍類似の土地の価格をもとに筆界特定登記官が認定した価格をいう。

　なお，相手方である乙地の価格がわからない場合には，乙地の価格を0円として計算した手数料を収入印紙で仮納付する。その後，法務局で乙地の価格を調べ，納付すべき手数料が明らかになってから差額分を納付する。

　二つ目の測量等の費用は，申請された筆界を特定するために必要な範囲の測量を実施するための費用であって，事案によって必要な測量の範囲が異なるため，申請時に明らかにすることはできない。申請後に現地調査や資料等を検証した上で，必要な測量の範囲が明らかになる。なお，代理人

121

等により，既に測量されている土地の場合，その測量データを提出することもできるが，必要な範囲の測量データが提出されていない場合は，追加測量等が必要な場合もある。

　また，この測量等を専門家に委託して行う場合，委託費用は，申請人が負担することとされており，その際は概算額を予納することになる（不動産登記法146条）。納付期限内に予納がなく相当期間を経ても予納がない場合には，申請は却下されることになる（同法132条）。

表1　手数料の計算式

対象土地の価格の合計の2分の1に5％を乗じた額（基礎となる額）	切り上げ単位	単価	簡易計算式
100万円までの部分	10万円までごと	800円	80 X
100万円を超え500万円までの部分	20万円までごと	800円	40 X +4,000
500万円を超え1000万円までの部分	50万円までごと	1,600円	32 X +8,000
1000万円を超え10億円までの部分	100万円までごと	2,400円	24 X +16,000
10億円を超え50億円までの部分	500万円までごと	8,000円	16 X +816,000
50億円を超える部分	1,000万円までごと	8,000円	8 X +4,816,000

（Xは「基礎となる額」を「切り上げ単位」の刻み額を単位として端数を切り上げた額を1万円で除した額）

第6章　筆界特定制度

表2　表1で計算した場合の申請手数料額一覧表

(単位：円)

対象土地の評価額合計額			手数料
	～	4,000,000	800
4,000,001	～	8,000,000	1,600
8,000,001	～	12,000,000	2,400
12,000,001	～	16,000,000	3,600
16,000,001	～	20,000,000	4,000
20,000,001	～	24,000,000	4,800
24,000,001	～	28,000,000	5,600
28,000,001	～	32,000,000	6,400
32,000,001	～	36,000,000	7,200
36,000,001	～	40,000,000	8,000
40,000,001	～	48,000,000	8,800
48,000,001	～	56,000,000	9,600
56,000,001	～	64,000,000	10,400
64,000,001	～	72,000,000	11,200
72,000,001	～	80,000,000	12,000

7 標準処理期間

　筆界特定の申請がなされてから筆界特定されるまでの通常要すべき標準的な期間を標準処理期間という。標準処理期間は，各法務局ごとに異なり，適当な方法で公にされている（不動産登記法130条）。通常は6か月から9か月程度だが，事案の複雑性等によっては1年以上かかる場合もある。

8 筆界特定手続の流れ（フロー図）

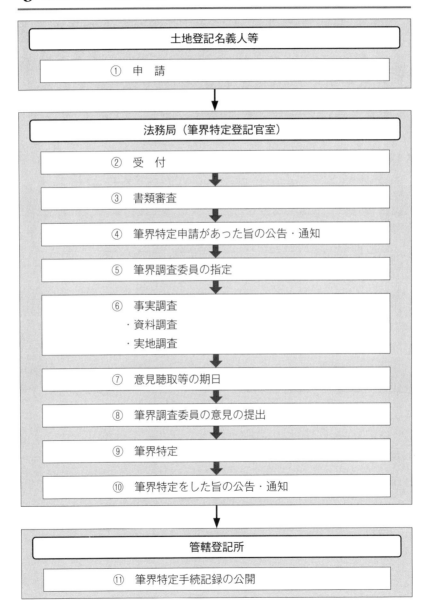

第2 意見書の閲覧と実地調査

【事例編】

：織田 弁護士　　：徳川 土地家屋調査士

法務局から乙山さんに送られてきた通知を見ると、申請人（甲野さん）からは申請書と図面以外にも意見書や資料が提出されているらしい。どのような意見書や資料が提出されているのか、とりあえず法務局に確認に行くことにした。

織田：明日、申請時に甲野さんから提出された意見書と資料を閲覧に行きます。持っていくものは委任状と身分証明書だけでいいですか。

徳川：そうですね。それから、調査を補助する法務局職員は資料収集や実地調査で外出していることもありますから、事前に法務局に電話をして確認したほうがいいと思います。

織田：わかりました。早速、法務局に電話して確認してみます。明日、意見書等を閲覧した後は、こちらも意見書や資料を提出するつもりです。一緒に行っていただけますか。また、何か気をつけておくことはありますか。

徳川：筆界特定登記官や筆界調査委員にこちらの意見や資料を十分に検討してもらうために、できるだけ早期に提出したほうがいいと思いますよ。私も筆界の検討図面等を準備しておきます。

第6章　筆界特定制度

【解説編】

1 意見書及び資料

　筆界特定の申請があったときは，筆界特定の申請人及び関係人は筆界特定登記官に対し，対象土地の筆界について，意見又は資料を提出することができる（不動産登記法139条）。

　申請人等が所持している資料や筆界に関する意見が積極的に提出されることは，正確な筆界を迅速に特定するために重要なことである。この意見や資料の提出は，書面又は電磁的方法で行うことができ，書面により提出する場合には3部提出する必要がある。また，この意見や資料の提出は筆界特定登記官が提出期限を定めた場合を除き，筆界特定がなされるまで提出することができる。しかし，筆界特定がなされるにあたって意見や資料を十分に検討する必要があることを考えると，できるだけ早い時期に意見や資料を提出することが望ましいと思われる。また，提出する資料は必ずしも原本である必要はなく，書面等は写しを提出することができる。資料を提出した申請人及び関係人は，原本を提出した場合は当該資料の還付を請求することができるが，写しを提出した場合，その還付を受けることはできない。

2 意見書及び資料提出にあたり明らかにすべき事項

　意見書（図19参照）及び資料（図20参照）を提出するときには以下のことを明らかにしなければならない（不動産登記規則218条）。

① 　手続番号及び提出年月日
② 　意見・資料を提出する申請人又は関係人の氏名又は名称
③ 　法人が提出する場合は，代表者の氏名
④ 　代理人により提出する場合は，代理人の氏名又は名称及び代理人が

127

法人であるときはその代表者の氏名

⑤　筆界特定手続が係属する法務局等の表示

⑥　資料の提出にあたっては，資料の表示，作成者及び作成年月日，当該資料提出の趣旨

⑦　資料が写真やビデオテープである場合は，撮影，録画等の対象並びに日時及び場所

図19　意見書

平成27年第○○号

筆界特定手続

意　見　書

平成27年○月○日

○○法務局筆界特定登記官　殿

　　　　　　　　　　　　関係人　乙　山　一　郎

　　　　　　　　　　　　上記代理人　織　田　信　子　㊞

　　　　　　　　　　　　　　　　　徳　川　政　宗　㊞

　　私は，頭書の筆界特定手続に係る筆界について，以下のとおり意見を述べます。

（以下略）

第6章　筆界特定制度

図20　資料説明書

平成27年第○○号
筆界特定手続

資　料　説　明　書

平成27年○月○日

○○法務局筆界特定登記官　殿

関係人　乙　山　一　郎
上記代理人　織　田　信　子　㊞
　　　　　　徳　川　政　宗　㊞

資料番号	資料の表示	作成者等	作成日時等	資料提出の趣旨
1	公図			
2	閉鎖公図			
3	分筆申告図			
4	空中写真			
5	検討図面			
6	（以下略）			

※各資料については第3章，第4章参照。

3 意見や資料の閲覧

申請人及び関係人から意見・資料の提出があった場合，筆界特定登記官は，原則として，その旨を提出者以外の申請人及び関係人に郵送，電話や電子メール等適宜の方法により通知する。この通知は意見や資料の内容までは含まれないので，通知を受けた申請人及び関係人がその内容を知るためには，意見や資料の閲覧をする必要がある。閲覧の請求は筆界特定が申請された法務局の筆界特定登記官宛に行う。

4 実地調査

実地調査は，対象土地及びその周辺の土地の現況や，筆界特定をするにあたって参考となる情報の収集など，今後の調査・検証を円滑・適正に実施するために行われる。

対象土地の測量や境界標及び工作物等の調査，道路や水路等の官民境界の確認，所有者や占有者等の関係者からの事情聴取等が含まれる。

筆界調査委員は，対象土地の測量や実地調査を行うときは，あらかじめその旨並びにその日時及び場所を筆界特定の申請人及び関係人に通知して，これに立ち会う機会を与えなければならない（不動産登記法136条）。

第6章　筆界特定制度

第3 意見聴取等期日から筆界特定

【事例編】

：織田 弁護士　　：徳川 土地家屋調査士

　筆界特定の申請の通知を受け取った後，私は徳川先生と共に法務局へ出向いて意見書や資料を閲覧し，こちらが検討していた筆界に関する意見書と資料を提出した。さらに実地調査の際には現地で筆界調査委員に乙地関係人の主張等を述べた。

織田：この次に意見を述べる機会は意見聴取等の期日ですね。
徳川：筆界に関する意見や資料は，筆界が特定されるまでいつでも提出できるんですよ。でも，筆界に関する意見や資料はできるだけ早期に提出したほうがいいですからね。意見聴取等の期日では，筆界特定登記官の面前で直接意見を言うことができます。それに，筆界調査委員から質問があるかもしれません。意見聴取等の期日では時間が限られているので，筆界に関する意見を簡潔にまとめておきましょうか。

　意見聴取等の期日には徳川先生と共に出席した。筆界特定登記官以外にも，実地調査の時に現地で立会した筆界調査委員と，調査を補助する法務局職員がいた。既に実地調査時に主張等は述べていたが，筆界特定登記官に直接，意見書や資料等をもとに意見を述べることができるのだ。
　この意見聴取等期日からさらに1か月ほどして，筆界特定をした旨の通知が届いた。通知の中には筆界特定書が入っていなかったのでどのように筆界が特定されたのか，私たちの意見が反映されたのかはわ

131

からない。まずは筆界特定書の写しを請求しなければ。

　筆界特定書の写しは有料で誰でも請求することができるらしい。今まで資料の閲覧や意見聴取等期日で何度か訪れた法務局ではなく，筆界特定された土地を管轄する登記所で請求するそうだ。通知に記載されていた手続番号をもとに登記所で請求すると，Ａ４サイズで10枚程度に書かれた筆界特定書（図21参照）と筆界特定図面（図22参照）の写しをもらった。図面があるので，どこに筆界が特定されたのかわかりやすそうだ。私は，この筆界特定書の写しを持ってさっそく徳川先生に相談することにした。

図21　筆界特定書

筆界特定書

手続番号
対象土地　甲　西大阪市北新町一丁目３番１
　　　　　乙　西大阪市北新町一丁目１番
申請人　　住所　西大阪市北新町一丁目２番３号
　　　　　氏名　甲　野　太　郎
申請人代理人　　土地家屋調査士　豊　臣　武　蔵

　上記対象土地について，筆界調査委員□□□□の意見を踏まえ，次のとおり筆界を特定する。

結　　論
　対象土地甲と対象土地乙との筆界は，別紙図面中Ｈ１点とＨ２点を結んだ線と特定する。

理由の要旨

（略）

○○法務局
　　筆界特定登記官　○　○　○　○　㊞

第6章　筆界特定制度

図22　筆界特定図面

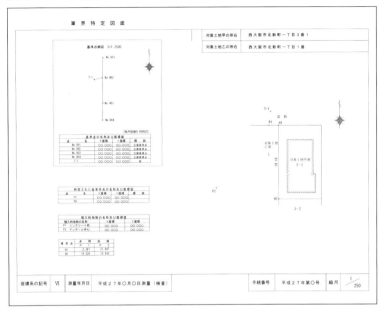

織田：徳川先生，先日特定された事件の筆界特定書の写しをもらってきました。

徳川：織田先生，早速請求してくれたのですね。筆界特定書には，どの点を結ぶ直線で特定されたのかという結論とその結論を導き出した理由の要旨が書かれています。この要旨を見れば，筆界特定されるにあたってどのような資料があり，どのように検証されたのかわかりますよ。また，筆界特定制度では，特定された点にお互いの了承なしに勝手に境界標を入れることはできないのですが，座標値で特定された点が表示されるため，測量しなければ現地のどこが特定された点かはわからないのです。しかし，この図面を見る限り，申請人の主張どおり南側のネットフェンスの延長線上に特定されているようですね（117頁の図18

参照)。

織田：この結果では，乙山さんが使用している通路の一部が筆界を越えて相手方の土地に入ってしまいます。今後どうしていくのかを考えたいのですが，この筆界特定の結果を不服として筆界について争うなら筆界確定訴訟をするしかないのですよね。

徳川：そうですね。筆界特定は行政処分ではありませんからね。もし，筆界特定の結果を不服とするなら，筆界確定訴訟を提起することになりますね。

織田：筆界確定訴訟ですか……。

徳川：そうですね。ただ，筆界特定では，織田先生もこれまで経験したように，資料の収集や現地調査，関係人の事情聴取等が綿密に行われ，筆界の専門家である筆界調査委員の意見を踏まえて筆界が特定されるので，たとえ筆界確定訴訟が提起されても，その結果が覆ることは極めて少ないのではないかと思います。今回の筆界特定の結果は，我々の当初の予想の範囲内でしたし……。

織田：今後どういう手続を選択するとしても，筆界特定書と図面だけではなく，今回の筆界特定で検証された資料等も確認する必要があると思いますが……。

徳川：それなら，管轄の登記所で筆界特定手続記録の閲覧ができますよ。利害関係を有する部分のみですが。

【解説編】

1 意見聴取等の期日

不動産登記法140条では，筆界特定の申請があったときは，筆界特定登

記官は，筆界特定の申請があった旨の公告をした時から筆界特定をするまでの間に，筆界特定の申請人や関係人に対し，あらかじめ期日及び場所を通知して，対象土地の筆界について，意見を述べ，又は資料を提出する機会を与えなければならないことになっており，これを「意見聴取等の期日」という。

　意見聴取等の期日は，筆界特定登記官が主宰し，申請人や関係人は筆界特定登記官に対して直接意見を述べ，資料を提出することができる。また，申請人や関係人だけではなく，この期日において，筆界特定登記官が適当と認める者に，参考人として知っている事実を陳述させることもできる。これは，申請人や関係人以外でも，以前対象土地を所有していた者等，その筆界に関する有用な事実を知っている場合があるからである。

　意見聴取等の期日には，筆界特定登記官のみではなく，筆界調査委員も立会う。筆界調査委員は，筆界特定登記官の許可を得て，申請人若しくは関係人及び参考人に質問をすることができる。

　また，筆界特定登記官は，申請人や関係人の親族等，適当と認める者に期日の傍聴を許すことができる。

　この意見聴取等の期日では，筆界特定登記官はその経過を記載した調書を作成するが，その調書において当該期日における筆界特定の申請人若しくは関係人又は参考人の陳述の要旨が明らかにされている。

2 筆界特定

　筆界調査委員の意見書が提出された後，筆界特定登記官は，その意見を踏まえて対象土地の筆界特定をし，筆界特定書を作成する。筆界特定書には，結論とその結論を導き出した理由の要旨が記載される。また，特定された筆界は，筆界点の座標値が図面に記載されることで現地における位置を表示される（不動産登記法143条）。

　筆界特定書に添付される図面は，土地の地積更正登記等に添付する地積

135

測量図と同様の精度で作成され，①地番区域の名称，②方位，③縮尺，④対象土地及び関係土地の地番，⑤筆界特定の対象となる筆界又はその位置の範囲，⑥筆界特定の対象となる筆界に係る筆界点間の距離，⑦境界標があるときは，当該境界標の表示が記載される。

　この筆界特定は，あくまでも筆界特定登記官の筆界に対する認識を示すものであり，新たに筆界を形成する作用はなく，また行政処分でもないので，審査請求や行政事件訴訟法に基づく抗告訴訟の対象にはならない。

　ただし，資料の収集や現地調査，関係人の事情聴取等が綿密に行われ，筆界の専門家である筆界調査委員の意見を踏まえて筆界が特定されるので，筆界の位置に関する重要な証拠とみなされる。また，対象土地の登記記録には筆界特定がなされた旨が記載され，その土地が分筆登記や合筆登記された後も登記記録に転写，移記される。

3 筆界特定後の筆界特定手続記録の閲覧

　筆界特定の手続終了後，筆界特定に関する手続記録のすべてが管轄登記所に送付される（不動産登記規則233条）。筆界特定される前に調書や資料等の閲覧をする場合は，筆界特定登記官に対して閲覧の請求をするが，筆界特定された後は，管轄登記所（筆界特定を行った法務局ではなく，対象土地を管轄する登記所）に閲覧の請求をする。

　筆界特定に関する手続記録には，筆界特定手続において申請人や関係人が提出した申請書，意見書及び資料のほか，筆界調査委員が作成した政令で定める図面や意見書，筆界特定登記官が作成した筆界特定書や図面，意見聴取等の期日調書等の筆界特定の手続の記録があり，このうち，請求人が利害関係を有する部分のみ閲覧することができる。

　また，筆界特定書（筆界特定図面を含む。）と政令で定める図面（筆界調査委員が作成した測量図等）の全部又は一部については，誰でも手数料を払って管轄登記所において写しの交付を請求できる（不動産登記法149条）。

136

◆ COLUMN ◆

関係人からの一言

　ある日突然，法務局から書面が届く。「筆界特定の申請がされた旨の通知について」と題する書面と，お隣さんが申請した筆界特定申請書の写しである。

> 　あなたは，同法第139条の規定により，筆界特定登記官に対し，意見又は資料を提出することができますので，提出される場合は，速やかに送付していただきますようお願いします。また，申請人からは，資料等が提出されていますので，必要であれば閲覧することができます。詳細は○○（地方）法務局登記部門筆界特定室にお問い合わせください。

「これって何！……。」
「どうすればよいのだろう。面倒くさいことになったなあ……。」
　法務局に電話をするがイマイチ意味がわからない。
「困ったなあ。どうすればいいんだろう……。」
　インターネットで筆界特定と入力してみたら土地家屋調査士という境界の専門家がいることがわかった。
「そうか。何かあったらその人に相談しよう。そうしよう……。」
　ぐずぐず悩んでいると，隣地に複数の人が来て，私宅との境界を見て何かゴソゴソしたり，話をしたりしている。法務局から事前に電話連絡があった現地の事前確認らしい。「何を確認調査しているんだろう。」何かスッキリしない毎日が続く。家族の笑顔が消え，不安だけが残る日々である。

　筆界特定手続では，申請人から筆界特定手続中に提出された意見書や図面，資料等の提出があったときは，担当登記官から電話等により関係人に連絡があり，閲覧ができると規定されている。また，事前の

現地調査とは別途に，対象土地の申請人・関係人らが立会う「特定調査」という期日が準備されており，筆界調査委員，筆界特定登記官（補助登記官）の同席により現地で見分される。さらに後日，関係人らからの意見を聴取する意見聴取期日が開催される。このように関係人らに対する一定の手続保障が準備されている。

　関係人としては，申請人が提出した資料は，正式な立会までに事前に見ておきたい。ただ，申請人から提出されている図面や境界主張の根拠とする資料などは専門的な知識が必要となる。そのため，土地家屋調査士によるアドバイスが必要となるものと思われるし，関係人主張境界についての意見を述べるにも，土地家屋調査士を代理人として委任することも併せて検討が必要となると思われる。

　法務局は「申請人からは，資料等が提出されていますので，必要であれば閲覧することができます。」と説明している。ただし，申請後に申請人や他の関係人が提出した意見書や図面等資料の写しは基本的には関係人には交付されないし，法務局（地方法務局）窓口での直接閲覧しか許可はされていない。法務局の窓口にはコピー機等複写機の利用設備がない。自分で写真に撮るしかない。対象土地あるいは関係土地の関係人としては，申請人が提出した資料の写しは提出原寸のままの状態で是非とも手元にほしい。特に測量図面などは，写真からは十分な申請人主張線の検討をすることができない。原寸のまま関係人にも交付が可能となる，柔軟な事務運用を望みたい。

　筆界特定という性質上，私人の意見には直接拘束されないものとしても，申請人が提出した意見書や資料については，関係人の心理的不安の解消と費用面の負担軽減も踏まえて，関係人にも交付されるような運用工夫の検討がいただければ幸いである。

　隣人とはいつまでも仲良く暮らしたいものだ。我が家の笑顔のある暮らしのためにも早期解決を願うところである。

第6章　筆界特定制度

◆ COLUMN ◆
筆界調査委員は何を見ているか

　筆界特定の申請人や関係人（以下「関係者」という。）にとって，筆界調査委員がどのような意見を述べるのか，気になるところである。関係者は，自分の主張を採用してほしいと思う。そのために，ここをよく見てほしい，と述べる。

　関係者の主張には，客観的な資料による裏付けがないことが多い。ただ主張するだけ，という場合が多い。ただ主張するだけでは，意見書に「主張を裏付ける資料は見出せなかった。」とか，「主張には根拠がない。」と述べられてしまうかもしれない。

　まず，筆界調査委員は，出された資料が本物かどうか，本物の資料に加除訂正が加えられていないか，資料の出所，原本のありかを尋ねて，原本を確認することになる。

　そして，その資料が筆界を表す資料かどうかを判断する。直接筆界を示す資料は，1級品である。間接的に筆界に関わっている資料の場合には，それが筆界とどのように関わっているのかを説明する必要があるだろう。

　一方で，資料があることがわかっていても，関係人が直接入手できない場合もあるだろう。このような場合，筆界特定制度は有効だ。不動産登記法138条にもとづいて法務局長は，資料の提出を求めることができる。そうすると提出される場合も多いだろう。ただし，その資料がどちらの主張を裏付けるものかわからない場合には諸刃の剣ということになる。

　また，関係者の代理人が，地元の土地家屋調査士の場合，地元ならではの情報も貴重だ。筆界調査委員としては，関係者の代理人に，資料のありかはもちろん，地域の慣習などの情報も提供してほしい。

　改租時の古い資料は貴重である。といっても，古ければ古いほどよいというものでもない。例えば，お寺や神社などには古い資料が数多く眠っていて，時として表に出てくることがある。しかし，江戸時代

の資料は，観念的には，近代的土地所有権が成立する以前の資料である。実際問題として，明治政府により，境内地以外の土地は没収（上地）されたので，現代に通用する資料ではないことが多い。むしろ資料の価値としては，割引が必要なのだ。

第7章 訴 訟

本章においては，筆界確定訴訟（境界確定訴訟）手続について解説する。
本書の構成上，第6章の筆界特定手続を受けて，その結果が納得できず訴訟提起を選択する場合を基本設定としているが，訴訟の内容については，境界紛争につき最初から訴訟手続を利用する場合であっても，大きく異なるものではないので，訴訟手続の利用を考える場合には，参考にされたい。

第1 筆界確定訴訟の法的性質

【事例編】

：織田 弁護士　　：徳川 土地家屋調査士

　甲野さんが申請した筆界特定手続により，残念ながら，ほぼ甲野さんの主張どおりの位置に筆界が特定されてしまった。私は，乙山さんに筆界特定書を送付するとともに，面談してその内容を説明した。乙山さんは，筆界特定書の内容について「分筆申告図や占有状態が過小評価されており，到底納得できるものではない。」と憤慨しており，これを覆す何らかの手続をとってほしいとのことであった。私は，乙山さんに対して，筆界特定の結果については，訴訟の判決によれば覆すことができる可能性があること，及び筆界特定がなされてしまった場合，これを覆す方法としては，筆界確定訴訟の提起しかないことを伝えた。また，私は，たとえ筆界線については甲野さんの主張どおり

であるとしても，現在通路として使っている部分について時効取得を主張し，所有権を確保できる可能性があるところ，これについても訴訟手続によって行うことが現実的であるとの説明もした。説明を聞いた乙山さんは，是非とも訴訟を提起してほしいとの意向を示した。そこで，私は，乙山さんに対して，訴訟について検討する旨を約した。

そして，以前から相談に乗ってもらっている徳川先生に電話をした。

織田：徳川先生，筆界特定手続は残念な結果となりました。

徳川：そうですね。ただ，この件については，資料からみて，甲野さんの主張線に理由がないとは言い切れないものですからね。仕方ないですよ。

織田：しかし，乙山さんに説明したところ，筆界特定の結果について，納得できない，そのために訴訟をしてほしいと言われています。また，この件では，通路部分について時効取得が認められる可能性があるので，所有権を確保するためにやはり訴訟はすべきであると思いますが，いかがでしょうか。

徳川：そうですね。他にADRを利用しての話合いによる解決というのも考えられますが，乙山さんが訴訟で解決しようという意向であれば，訴訟を考えるしかないと思います。また，訴訟のなかでも，裁判所の判断により調停が行えると聞いています。訴訟の方向で検討してみましょう。

織田：ただ，徳川先生，私は，もちろんこれまで筆界確定訴訟の経験などありません。知識として，「筆界確定訴訟は形式的形成訴訟である。」ということは司法試験の受験勉強で知りましたが，実務的にどのような進行がなされるかについては，よくわかりません。徳川先生は経験がありますか。

徳川：筆界確定訴訟に関しては，補助者として訴訟代理人の弁護士さんのお手伝いをしたことが何回かあります。それに，鑑定人と

第7章　訴　訟

して筆界確定訴訟に関与したことは，何回もあります。ただし，
訴訟となると，やはり弁護士さんの独壇場ですね。私の経験で
は，手続全体を見通すことはできかねます。

織田：そうですね。訴訟となるとやはり私たち弁護士のフィールドで
すよね。頑張って調べてみます。

【解説編】

1 筆界確定訴訟の意義

　裁判所において行われている筆界確定訴訟は，相隣接する土地の境界
（筆界）に争いがある場合に，裁判によってその境界（筆界）を定めること
を求める訴えである。

　筆界確定訴訟につき，現行法においては，訴えの性質，訴訟手続，判決
の効力などに関する法文上の根拠規定は存在せず，判例及び実務慣行に
よって認められている訴訟類型である。

　なお，「筆界確定訴訟」の呼称については，かつて実務慣行において
「境界確定訴訟」と呼称されていた訴訟類型について，平成17年法律29号
による不動産登記法の一部改正（平成18年1月20日施行）により法文中に
「民事訴訟の手続により筆界の確定を求める訴え」との規定がなされたこ
と（同法132条1項6号，147条，148条）から，法文の表現に合致させるべく改
めたものである。ただ，長年にわたり呼び慣わされてきた「境界確定訴
訟」の呼称も裁判実務上において未だ広く用いられており，むしろ一般的
であるとも言い得る。しかし，本章においては，法文の規定にのっとり
「筆界確定訴訟」の呼称を用いるものとする。

143

2 筆界確定訴訟の法的性質

筆界確定訴訟については，実務慣行上認められてきた訴訟類型であるため，その法的性質については見解が多々あり，長年にわたり論議されてきている。学説の主なものは，以下のとおりである。

(1) 確認訴訟説

筆界確定訴訟を通常の民事訴訟の一類型である確認訴訟と捉える見解である。境界は，客観的に必ず存在しているものであるから，これを発見して確認するのが境界確定訴訟であるとするものである。この確認訴訟説は，確認対象等をめぐりさらに細かく説が分かれている。

(2) 形成訴訟説

確認訴訟説を貫くと，客観的に必ず存在していなければならない境界でありながら，これを証拠によって認定することができないときは，請求を棄却することになる。このことは，隣接地のいずれが訴訟提起しても同様であり，結局は，訴訟により境界紛争を解決できない結果をもたらすこととなる。そこで，筆界確定訴訟を通常の民事訴訟の一類型である形成訴訟と捉えるのが形成訴訟説である。

しかし，形成訴訟では，形成要件が定められていることが必要であるのにもかかわらず，筆界確定訴訟においては形成要件が実体法において規定されておらず，また，慣習法で定められているということも我が国では無理があることから，通常の形成訴訟であると考えるのは困難であるとの批判がなされている。

(3) 複合訴訟説

筆界確定訴訟を，裁判所が境界線を非訟的に確定し，その確定により同時に相隣者の所有権も確定される，特殊な複合訴訟とする説である。

しかし，この見解によれば，筆界と所有権界が異なる場合の処理をいかに行うべきか疑問であるし，弁論主義や処分権主義の適用方法にも問題が残る。

第7章 訴 訟

(4) 形式的形成訴訟説

筆界確定訴訟は，形成要件を欠き，法律的主張としての請求もないことから，その本質は非訟事件（裁判所の裁量的判断による権利義務の具体的内容の形成を目的とするもの）であるが，形式上，訴訟事件として取り扱われているにすぎないとするものである。すなわち，筆界確定訴訟の本質について，「形式は訴訟であるが，中身は非訟事件である。」と考えるものである。なお，形式的形成訴訟とされる訴訟としては，共有物分割訴訟（民法258条），父を定める訴え（同法773条）などがあるとされている。

このように多くの説があるが，現在では，形式的形成訴訟説が通説と言えるものであり，判例及び裁判実務においても形式的形成訴訟説からの理論的帰結を採用している。

3 筆界確定訴訟の特徴

通説，判例ともいえる形式的形成訴訟説を前提とした上で，筆界確定訴訟と一般の民事訴訟，特に確認訴訟との相違につき特徴的なのは，処分権主義，弁論主義が制限され，また，判決に第三者効を生じる場合があることである。

具体的には，以下の点をあげることができる。

① 請求の放棄，認諾ができない。

② 裁判外で筆界の合意をしても，裁判上では効力を有さない。

③ 原告が自己の主張する境界を特定しなくても，裁判所は，何らかの境界を判断しなければならない（ただし，実務上は，原告から何らの筆界線の主張もされないことは，ほとんどない。）。

④ 反訴提起に意味がない（ただし，反訴提起があっても，裁判所において却下する必要もない。）。

⑤ 当事者間で裁判上の和解，調停ができない。ただし，実際の訴訟場

145

面においては，和解，調停で解決することも少なくないが，それは所
有権の範囲についての和解であり，筆界についてのものではない。
⑥　自白の拘束力がない。
⑦　職権証拠調べについては，これを肯定する見解がある。
　　なお，後記4⑵で述べるごとく，不動産登記法147条により，裁判
所の釈明処分としてではあるが，筆界特定記録の送付嘱託が認められ
ていることに注意を要する。
⑧　当事者が提出した証拠が乏しい場合においても，裁判所は請求を棄
却することは許されず，いずれかに筆界線を引かなければならない。
⑨　控訴審において，不利益変更禁止の原則の適用がない。
⑩　判決の内容は，第三者に効力を有する。ただし，これについては異
説もあるが，判決によって特定可能な範囲において登記所に対する拘
束力を有する点に争いはない。

4 筆界確定訴訟と筆界特定制度との関係

(1) 筆界特定の効力と筆界確定訴訟の判決の効力

　筆界特定は，あくまで筆界特定登記官の筆界に対する認識を示すものに
すぎず，新たに筆界を形成するものではない。これに対して，筆界確定訴
訟は，形成力を有するとされていることから，筆界について，筆界特定の
結果と筆界確定訴訟の判決の内容とが一致しない場合には，筆界確定訴訟
の判決が優先することになる。なお，不動産登記法においても，筆界特定
は，当該筆界特定に係る筆界について，民事訴訟の手続により筆界の確定
を求める訴えに係る判決と抵触する範囲において，その効力を失う旨が定
められている（同法148条）。
　このように，筆界確定訴訟の判決の内容が筆界特定の結果に優先するた
め，筆界特定について，その結果に不満がある場合には，筆界確定訴訟を
提起することになる（なお，筆界特定は，行政処分ではないことから，審査請求や

第 7 章　訴　訟

抗告訴訟の対象にはならない。）。

　ただし，筆界特定は，民事訴訟の当事者では入手が難しいようなものも含めて多数の資料を収集し，検討した上，現地調査や関係人からの事情聴取のもと，筆界の専門家である筆界調査委員の意見を踏まえて，筆界に精通する筆界特定登記官が筆界を示したものであることから，その結果は，筆界確定訴訟においても，裁判官に当然に尊重されると思われるし，また，重要な証拠であることも否定できない。したがって，筆界確定訴訟において，筆界特定の結果を覆すことが容易でないことは，十分に心しておくべきことである。

　なお，筆界確定訴訟の判決が形成力を有し，筆界特定の結果に優先するから，筆界確定訴訟の判決が確定した後には，筆界特定の申請は却下されることになる（不動産登記法132条１項６号）。

(2) 筆界確定訴訟における筆界特定の資料の利用

　不動産登記法147条は，筆界確定訴訟において，裁判所が登記官に対して，係争中の筆界についての筆界特定手続の記録の送付を嘱託することができる旨を定めている。この裁判所による送付嘱託は，釈明処分（民事訴訟法151条）であるとされている。

　これは，筆界特定手続においては，法務局により，当事者では入手が難しいと思われるような資料までも収集されていることから，その資料を筆界確定訴訟の審理，判断に活かすべく，資料を綴った筆界特定手続記録の送付を受ける制度を設けたものである。さらに，筆界特定手続記録には，筆界調査委員の意見書も綴られており，これにより，筆界の専門家による資料分析の結果や，筆界の位置についての認識過程に触れることができる。この点においても，筆界確定訴訟の審理，判断に資するものと思われる。

　また，筆界確定訴訟を筆界特定の結果に対する不服申立てであると位置づけると，このような送付嘱託はむしろ当然のものであるとも言えよう。

　なお，裁判所に送付された筆界特定手続記録は，訴訟実務においては，いずれかの当事者が謄写の上，証拠化している。

147

(3) 筆界確定訴訟内での筆界特定の利用

　筆界特定手続における豊富な資料及び筆界の専門家における判断は，筆界確定訴訟の審理，判断においても必要性が高く，望まれるものである。また，筆界特定がなされれば，裁判所による釈明処分により，収集資料及びその分析，判断をそのまま筆界確定訴訟の審理に顕すことが可能となる。このため，筆界確定訴訟の審理中において，裁判官から当事者に対して，筆界特定手続を経るように勧告がなされる運用が見られるようになった。その意図するところは，「鑑定」に類するものを得ようとしたものであるとして理解し得るものである。いわば「付調停」（民事調停法20条）になぞらえ，「付筆特」（「筆特」は「筆界特定」の慣用的な略語）とでも言うべきこの運用は，その合理性及び今日の筆界特定制度の活発な運用状況に鑑み，今後，ますます積極的に活用されると見込まれる。

　ただし，この「付筆特」については，いずれかの当事者が筆界特定の申請行為を行う必要があること，筆界特定においては，申請人がその費用（申立費用，及び手続中に測量が実施された場合の費用）を負担しなければならないことなどといった課題もあり，今後，制度の整備が期待されるところである。

第7章 訴 訟

第2 筆界確定訴訟の提起と審理

【事例編】

：織田 弁護士　　：徳川 土地家屋調査士

> 私は，弁護士の伝手を頼りに土地境界紛争について経験豊富な武田甲斐夫弁護士を紹介してもらった。そして，武田弁護士に筆界確定訴訟の提起や審理について教えを受け，また，自らも書籍などを調べて，再び徳川先生と面談した。

織田：友人の弁護士から土地境界の事件を多数扱っておられる武田弁護士を紹介してもらって，先日，相談してきました。

徳川：武田先生ですか。何度か土地境界の事件を一緒にさせていただいたことがあります。経験豊富な先生ですね。

織田：武田先生には，筆界確定訴訟の提起時の注意点や審理の進め方の特徴などをいろいろ教えていただきました。武田先生の話からすると，乙山さんの事件は，訴訟要件などには問題がないようです。ただ，訴訟にかかる費用については，事前に十分に調べて，依頼者にも説明できるようにしておかなければならないとのことでした。それと，しつこく言われたのですが，筆界確定訴訟には土地家屋調査士，それも土地境界紛争に見識のある土地家屋調査士の協力が必要不可欠だ，とのことでした。

徳川：どういう点で，土地家屋調査士の協力が必要だというのですか。

織田：まず，訴状についてですが，武田先生の話では，筆界確定訴訟の性質からすれば，原告において主張する筆界線を特定する必要はないが，実務上は，訴状に現況図面を添付して，それに主張線を入れておくのが通例で，たとえ訴状にそのような図面を

149

添付しなかったとしても，審理において必ずそのような図面を
裁判所から求められるので，その図面の作成を土地家屋調査士
にお願いしなければならないとのことでした。また，裁判所か
らの求められる図面についていえば，審理の過程で原告，被告
のそれぞれの主張線を一枚の現況図上に示した，いわゆる共通
図面の提出を求められることが多いそうです。それと，判決と
なった場合には，裁判所から，判決の添付図面としての共通図
面の提出を求められますが，その図面は，登記が可能な現地復
元性のある図面でなければならず，そのような図面を作成でき
るのは土地家屋調査士しかいない，とのことでした。

徳川：そうですね。図面の作成は，弁護士さんでは無理でしょうし，
土地家屋調査士の得意分野，いや，本来的な仕事ですよね。

織田：それと，図面作成にかかわらず，筆界確定訴訟においては，主
張や審理の各所において，土地家屋調査士の協力が必要である
というのです。例えば，主張を行うに際してわかりやすくする
ために，関係する各土地の分筆の経緯，地積，所有者，土地の
取得原因などの情報を一覧性ある樹形図にした土地の来歴図の
ようなものを土地家屋調査士に作成してもらい，証拠や書面添
付資料として提出するそうです。また，筆界確定訴訟では，検
証などの裁判所が直接現地に出かける手続が行われることが通
例だそうで，その際に，現地での説明や検証などを実のあるも
のにするための作業をしてもらうのも，土地家屋調査士が適任
だそうです。もちろん，依頼者のための主張を組み立てるため，
資料などの解析を行うのも，土地家屋調査士の専門性に頼らざ
るを得ないものですし，時には専門性に基づいて土地家屋調査
士作成の意見書を提出したり，土地家屋調査士を証人申請して
尋問をするなどということも行われるとのことでした。また，
筆界確定訴訟においては，しばしば鑑定が行われるそうですが，

その鑑定の結果について，解析したり，意見を述べるのも，専門性のある土地家屋調査士であるからこそできることだ，とおっしゃられています。それに，本件では，既に筆界特定がなされているので，不動産登記法147条により，裁判所が釈明処分として法務局に対して筆界特定の資料を送付嘱託して，法務局が集めた様々な筆界特定のための資料を入手することになるそうですが，その場合，土地家屋調査士に，改めて依頼者の主張する筆界線の観点からの解析をしてもらったり，筆界調査委員の意見書に対する意見を述べたりしてもらう必要があるらしいのです。そのような土地家屋調査士による解析なくしては，少々筆界確定訴訟を経験している弁護士であっても，資料を基礎にした主張を組み立てるのは難しい，というのです。

　武田先生の言い方では，筆界確定訴訟においては，訴訟提起の最初から判決に至る最後まで，土地家屋調査士の先生のお世話になる，いや，判決が確定した後にも当然にお世話になるということでした。

徳川：そうですね。私の経験からしても，訴訟代理人の補助者として実にいろいろなことをやりましたね。結構，忙しかったですよ。

織田：ところで，徳川先生，私のような経験のない弁護士の「補助者」というのもおこがましいのですが，私が訴訟代理人として提起する本件訴訟に協力していただけますでしょうか。頑張りますから。

徳川：もちろん，そのつもりですよ。協力させていただきます。頑張ってやりましょう。

織田：では，早速，乙山さんに徳川先生に協力してもらうことを説明しましょう。併せて費用のお話もしてみます。

【解説編】

筆界確定訴訟の提起

1 訴訟要件

筆界確定訴訟については，実体法及び手続法に明文規定を欠くが，一般に

① 原告と被告の両土地が相隣接していること

② 原告と被告の両土地の境界が不明であること

③ 原告と被告の両土地の所有者が別人であること

が必要であるとされている。

②の境界が不明であることについては，筆界が明らかであるときには，訴えの利益を欠き，筆界確定訴訟を提起しても却下されることとなる。問題は，原告と被告の認識する筆界の位置が一致している場合である。この点議論はあるが，実務及び多数説は，境界に争いがないことになり，訴えの利益を欠くとしている。ただし，筆界の位置についての認識が一致していても，潜在的に争いがある場合には，訴えの利益を認め得る。例えば，里道や水路等一定の幅員の確保を必要とする長狭物に接する場合において，国，市町村等は，たとえ片方の土地所有者と筆界の位置について認識が一致していても，対側地所有者が協議に応じなかったり，対側地所有者との協議が不調となった場合には，基本的に確定協議には応じないという取扱いが実務上求められていることから，このような場合には，当事者間において形式的に筆界の認識が一致していたとしても，筆界確定訴訟の訴えの利益が認められるとされている。

152

第7章 訴 訟

2 当事者適格

　筆界確定訴訟においては，相隣地の所有者のみが当事者適格を有すると
されている。地上権者，抵当権者，賃借権者などには当事者適格が認めら
れないとするのが，判例，通説であると考えられる。相隣地の所有者につ
き，実体上の土地所有者と登記簿上の土地所有者が異なる場合については，
実体上の土地所有者に当事者適格を認めるのが判例，通説である。ただし，
登記簿上の土地所有者でない者が当事者である場合には，判決の結果をそ
のまま直ぐに登記や地図に反映できないことが考えられる。

　共有地に関する筆界確定訴訟においては，共有者全員が共同して原告又
は被告にならなければならない（いわゆる固有必要的共同訴訟）。訴訟提起に
おいて，共有者の一部が原告となることに同調しない場合には，他の共有
者は，相隣接する土地の所有者に加え，当該同調しない共有者も被告とし
なければならない。

3 管　轄

　筆界確定の訴えは，被告の普通裁判籍所在地の裁判所（民事訴訟法4条），
又は筆界を確定すべき土地の所在地の裁判所（同法5条12号）に提起する。
ただし，提起する裁判所の選択においては，後述「筆界確定訴訟の審理」
の4（158頁）の検証ないしは進行協議期日による現地見分がなされること
が通例であることを考慮する必要がある。

　専属管轄事件ではなく，訴訟の目的物の価格が140万円を超える請求は
地方裁判所，140万円を超えない請求については，地方裁判所と簡易裁判
所とが競合して管轄を有するが（裁判所法24条1号，33条1項1号），筆界確定
の訴えにおいては，たとえ訴訟の目的物の価格が140万円を超えない場合
であっても，事案の性質上，地方裁判所に提起するのが望ましい。簡易裁
判所に訴えを提起しても，職権にて訴訟をその簡易裁判所の所在地を管轄
する地方裁判所に移送されることも少なくない。

153

4 訴　額

　筆界確定訴訟の訴額は，係争地域の物(ぶつ)の価額とされている。

　係争地域の物の価額の疎明は，固定資産評価証明書，図面等によることになる。また，訴え提起時において，係争地域の範囲が不明である場合には，訴額は10万円として扱い，係争地域が判明した時点で手数料の追納を求めるという扱いが相当であるとされている。

　なお，土地についての物の価額につき，固定資産評価額を用いる場合には，当面，その2分の1の額とされている。

　具体的な係争地域の物の価額の算定，疎明は単純ではなく，裁判所と相談する必要がある場合が多い。

5 訴状作成上の注意点

　筆界確定訴訟の訴状における「請求の趣旨」の記載においては，筆界を定める権限が当時者にはないことから，「被告は原告に対し」との記載は行わない。端的に相隣地を地番によって特定して記載し，その境界（筆界）を確定する判決を求めれば足りる。

　原告による筆界線の主張は，筆界確定訴訟が公法上の境界を裁判所が発見，又は創設するための形式的形成訴訟であるとすると，請求の趣旨の記載にあたっては，理論的には必要のないものではあるが，実際には請求の趣旨に記載されていることが普通である。原告は，相隣地間の紛争を解決すべく訴訟提起を行っているのであり，自己が主張する筆界線での確定を意図するものである以上，主張線の記載はなされて当然である。また，原告が，自ら筆界線を主張することによって，裁判所の紛争の実態把握に資することになり，その実情に即した裁判を行うことが可能となる。なお，筆界線の主張は，図面を用い，具体的な筆界線及びその筆界線を構成する筆界点を主張することになる。

154

第7章 訴 訟

　筆界確定訴訟の訴状においては，添付図面は必須である。裁判所が紛争の実体を把握するためにも，原告が主張する筆界線を特定するにおいても，図面が不可欠である。この添付図面については，現地測量の結果に基づき，土地の形状，建物や構造物等が記載された現況測量図が望ましい。また，添付図面には，筆界点を記載することになるが，筆界点の記載にあたっては，基本三角点等に基づく測量の成果による筆界点の座標値，あるいは恒久的な地物などによる複数の不動点からの距離・角度ないしは座標値によって特定されていることが望ましい。このような図面を作成する能力を有するのは，土地家屋調査士において他になく，したがって，その協力は必須である。ただし，訴状において，ここまでの図面が準備できない場合もあるが，少なくとも筆界の位置を根拠付ける土地の形状，構造物などの現地の状況を記載し，その上で筆界点を明示した図面は添付すべきである。その場合においても，和解ないしは判決においては，現地復元性のある図面が必要になるのであって，いずれ詳細な図面が要求されることには変わりはない。

　以上をまとめ，筆界確定訴訟の訴状における請求の趣旨の一般的な記載例を挙げると次のようになる。

　1　　別紙物件目録1記載の土地と同目録2記載の土地との境界が，別
　　　紙図面記載のア，イ，ウ，エの各点を順次直線で結んだ線上にある
　　　ことを確定する
　2　　訴訟費用は被告の負担とする
　との判決を求める。

---

6 反 訴

　筆界確定訴訟が提起された場合において，被告が反訴を提起することは，

実務上不適法であるとはされていないが，無意味である。筆界確定訴訟においては，裁判所において当事者の主張に捕らわれず筆界線を確定し得るからである。したがって，被告としては，自らの主張するところの筆界線を十分な証拠をもって主張すれば足りる。

筆界確定訴訟の審理

1 処分権主義及び弁論主義の制限

既に第1の2及び3（144頁・145頁）において述べたごとく，筆界確定訴訟は，形式的形成訴訟の性質を有し，中身が非訟事件であることから，処分権主義及び弁論主義が制限される。原告において特定の筆界線を主張する必要はなく（ただし，実務的には筆界線の主張はなされており，また，なされるべきであることについては，第2の「筆界確定訴訟の提起」の5（154頁）参照），裁判所は，当事者の主張する筆界線に拘束されずにこれを確定することができる。また，筆界線は公法上のものであり，訴訟外で当事者間において合意をしても，裁判上の効力はなく，訴訟上の和解や請求の放棄・認諾もできないとされている（ただし，訴訟上の和解がなされている点については，後記第4の1（171頁）参照）。さらに，裁判所は，当事者の自白に拘束されることもない。ただし，訴えの取下げは可能である。

2 主張，立証

筆界確定訴訟における主張は，筆界線の位置，及びその位置に筆界線を定める理由に尽きる。筆界確定訴訟の中身は非訟事件であることから，筆界確定訴訟においては，理論上は筆界線の位置についての主張を行わなくとも確定がなされることになるが，原告は，紛争の中で当然に自己の主張する位置での筆界線の確定を求めているのであり，それを基礎づける理由

156

第7章 訴 訟

の主張を積極的に行うことになる。

主張の根幹は，資料の存在及びその内容の解析の結果により筆界線が自己の主張する位置になることを述べることである。ただし，資料については，その意味づけ，正確性，見方など，解析につき専門知識が必要なものが少なくない。この点についても，土地家屋調査士の協力を得て積極的に主張すべきである。

資料によっては，その内容が自己に不利なものもあるが，そうであるからと言ってこれを無視すべきではない。自己に不利な資料，特に公図などの根幹をなす資料については，正確性についての問題点を理由をあげて指摘するなど，積極的に採用し得ない旨を主張すべきである。

立証に用いるべき資料として，いかなるものが存在するかについては，第3章に譲る。ただし，極めて多用な資料が立証に役立つのであり，例えば，筆界は明治初期以降（具体的には，地租改正作業以降）に新たに導入された近代的土地所有権に基づくものではあるが，明治初期にいきなり形成されたものではなく，江戸期以来の土地の利用形態や利用における事実上の区分，土地支配関係などを反映しているものであることから，江戸期の検地の結果や図面なども時として立証に有用である。また，資料といっても，最初から書証に限るものではなく，土地の古老の話や地方の土地境界に関する慣習なども立証上の決め手となる場合もあり，これらも積極的に証拠化すべきである。

3 鑑 定

筆界確定訴訟においても，申出により裁判上の鑑定がなされることは通常の民事訴訟と同様であり，鑑定が行われることは少なくない。鑑定人には，ほとんどの場合において，筆界などに見識を持つ土地家屋調査士が指定される。

また，原告，被告において，私的な鑑定書が証拠として提出されること

157

も少なくない。筆界に関する知見や資料の解析などにおいては，専門的な知識，経験を要する事項が少なくなく，土地家屋調査士の作成した鑑定書は価値の高い証拠となり得る。

4 検証，又は現地見分

筆界確定訴訟においては，裁判官が筆界について争われている現地に直接出向いて確認をすることが一般的である。裁判官が現地に行く手続としては，いずれか，あるいは双方の当事者から申出をさせて，現地における検証を行うことが従来からの方法である。

検証とは，裁判官が，その五感の作用によって事物の性状や現象を直接に知覚・認識して，その結果を証拠資料とする証拠調べとされている。筆界確定訴訟における検証は，実際の「現場」における裁判官自身による直接の確認作業となるものであり，裁判官の心証形成に大きな影響を及ぼす証拠方法である。それゆえ，当事者としては，裁判官に対して，自己の主張線の位置を示すとともに，その主張線の現地における合理性を明らかにすべく，その根拠となるような現地状況や現地構造物，杭などを示し，現地について案内する必要がある。そのため，水糸をつかって双方の主張線を現地において復元したり，その場でメジャーなどにより距離を測って示したり，ポールを立てて方向性，直線性，距離感などを示すなど，創意工夫が求められる。また，併せて共通図面などに示された重要な基点や杭，金属鋲などについての確認もなされるので，それを案内して示す準備をしておく必要もある。これらを行うについては，弁護士の能力だけでは限界があるので，現地に精通した補助者として土地家屋調査士に協力を求めて準備をするとともに，検証当日も立会ってもらうべきである。なお，裁判所において，筆界確定訴訟での現場の検証における補助者としての土地家屋調査士の事実上の立会を認めないとすることは，通常あり得ない。

また，検証については，裁判所書記官が撮影した写真等が添付された検

証調書が証拠物となるが，それ以外にも，検証を利用してその内容の証拠化を図ることも検討すべきである。例えば，裁判所の訴訟指揮により許される場合は，双方当事者が写真を撮影して証拠として提出することや，検証の状況をビデオ撮影して，その映像を証拠として提出することも考えられる。

　ところで，今日，検証に変わって裁判官が直接現地に行く方法として，進行協議期日を利用した現地見分が行われている。これは，手続としては現地における進行協議期日ということになるが，実質的には検証と同様に，裁判官が直接現地の状況を体験することを目的として実施されるものである。したがって，検証と同じく裁判官の心証形成には大きな影響力を持つものであることから，検証同様の注意と配慮が必要であり，また，証拠化についての工夫もなされるべきである。この現地見分の方法は，検証の手続の煩雑さ（特に書記官による検証調書の作成の煩雑さ）を避けるため，今日の裁判実務において多用される傾向にあるように思われる。

5　職権証拠調べ

　筆界確定訴訟における職権証拠調べの可否については，争いがある。いわゆる「馴れ合い訴訟」の防止の観点など，実務上の必要性からこれを肯定する見解もあるが，多数説は，筆界確定訴訟も訴訟手続であり，人事訴訟法20条のごとき明文の規定がない以上，否定すべきであるとしている。実務上においても，裁判官が職権証拠調べが可能であるかのごとき訴訟運営を行うことは少ないと思われる。

　ただし，前述第1の4(2)（147頁）で述べた，不動産登記法147条による筆界特定資料の送付嘱託に留意する必要がある。

　また，筆界確定訴訟においては，いわゆる「測量鑑定」がなされることがある。これは，原告と被告のそれぞれの主張線を一枚の図面でまとめる（いわゆる共通図面）など，測量結果に基づく現地の状況，及び当事者の訴

訟における主張線などを明らかにし，判決添付図面に耐え得る現地復元性を持たせた図面を作成するために，主に土地家屋調査士に鑑定を依頼するものである。その性質は，訴訟関係を明瞭にするための釈明処分（民事訴訟法151条）であると解される。その詳細については，コラム「測量鑑定」（179頁）を参照されたい。

なお，前記4で述べた進行協議期日を利用した現地見分も，職権証拠調べ的な性質を有することがあり得る。

6 専門委員の関与

平成15年の専門委員制度の民事訴訟への導入に伴って（民事訴訟法92条の2以下），筆界確定訴訟においても，専門委員が関与するようになっている。すなわち，専門委員は，専門的な事項について，訴訟手続の中で一般的な説明をし，裁判所に不足している知識を補うものであるところ，土地境界に関する資料の内容やそれを解析する知識には，専門的な事項も少なくないことから，土地筆界の専門家（筆界確定訴訟の場合は，当該分野に専門性が高い土地家屋調査士）を関与させて，その知見を裁判官が利用しているものである。また，今日，専門委員を関与させて争点整理，証拠調べ，和解勧試を実施したり，専門委員に現地見分を行わせ，見分報告書を提出させてこれにより現地の状況を把握するといった専門委員の利用もなされている。専門委員の利用，関与は，裁判所が土地の専門家の視点による現地見分の成果を得られるメリットが大きく，増加しつつある。

7 筆界特定手続の利用

筆界確定訴訟が係属中に，裁判官の勧告により一方当事者が筆界特定の申請を行う運用が広がりつつあることについては，第1の4(3)（148頁）で既に述べた。

160

第7章 訴　訟

第3 所有権の範囲の確認訴訟

【事例編】

：織田 弁護士　　：武田 弁護士

　私は，筆界確定訴訟の提起とともに，所有権の範囲の確認訴訟についても検討している。ただ，やはり不安であるので，再度，武田弁護士の門を叩いた。

織田：先日は，どうもありがとうございました。今日は，所有権の範囲の確認訴訟について，お話をうかがいたくて参りました。お忙しいところ，申し訳ありませんが，どうも私ひとりでは自信が持てません。お話やご意見を頂戴できませんでしょうか。

武田：はい，大丈夫ですよ。土地は，今日においても，やはり私有財産の最も重要なものの一つであることは変わりありませんし，土地境界の争いは，その経済的な価値にかかわらず当事者の思い入れが大きいものです。代理人として，ノウハウを蓄え慎重に検討するという姿勢は，望ましいものだと思います。

織田：ありがとうございます。先日，お話ししたように，筆界特定で相手方の主張線での特定がされてしまい，それが不満で訴訟をしようと思っているのですが，筆界特定の結果に鑑みても，筆界確定訴訟においても敗訴の危険は相当程度あると思っています。ただし，係争地については，依頼者が22年間にわたり通路として使用していたものであり，ブロック塀の基礎という依頼者の占有を示す構造物もありますので，たとえ依頼者の土地ではなく相手方の土地の一部であったとしても，時効取得により所有権を確保できると思うのです。そうすると，所有権の範囲

161

の確認訴訟を提起することになります。そこまではわかるのですが，それをどのように進めていったらよいのか，よくわかりません。

武田：なるほど。時効取得を主張することにより筆界確定訴訟の敗訴判決に対する担保を設けておくという，最も一般的なパターンですね。

織田：所有権の範囲の確認訴訟ですから，筆界確定訴訟と違って普通の確認訴訟として遂行をすればよいと思うのですが，どうも自信がありません。例えば，筆界確定訴訟における当方の筆界線の主張と，時効取得を主張する場合に前提とする筆界線の主張とは，矛盾することになります。そのあたりをどのように考えたらよいのでしょうか。

武田：事件の内容については，詳しくお聴きしていないのでわかりませんが，筆界確定訴訟と所有権の範囲の確認訴訟との関係について，まず説明しましょう。筆界確定訴訟と所有権の範囲の確認訴訟は，全く別個の訴訟です。おっしゃるとおり，所有権の範囲の確認訴訟は，通常の確認訴訟であり，通常の民事訴訟の原則が適用され，その点，筆界確定訴訟と異なります。しかし，実務では，筆界確定訴訟と所有権の範囲の確認訴訟は，民事訴訟法136条の請求の客観的併合が可能であるとされており，また，同法143条の訴えの変更も可能であるとされています。そして，併合については，筆界確定訴訟提起と同時にすることも可能ですし，後から追加的に併合することも可能です。ただし，時効取得を原因とする限りにおいては，筆界線主張と矛盾することになりますので，注意が必要です。

織田：最初から所有権の範囲の確認訴訟を一緒に提起しておくのがよいのでしょうか。

武田：それは，ケースバイケースです。最初から併合するのもありま

第 7 章　訴　訟

すが，所有権の範囲の確認訴訟における筆界主張線は，どうしても筆界確定訴訟の筆界主張線から後退したものになりますので，筆界確定訴訟の主張について，裁判所や相手方に対して弱みを見せることになる気がします。それを避けたければ，筆界確定訴訟の経過を見ながら，追加的に所有権の範囲の確認訴訟を併合するのも一つの方法です。また，追加的にしか行い得ない場合もあります。所有権の範囲の確認訴訟においては，請求において確認を求める所有権の範囲を示す必要があるのですが，相手方から明確な筆界の主張線が出ていない場合には，確認を求める所有権の範囲を示すことができず，相手方からの筆界線の主張を待つこともあります。

織田：本件では，いかがでしょうか。

武田：既に筆界特定において，相手方主張線と一致する筆界線が特定されているのですから，その線を用いて確認を求める所有権の範囲を示して，最初から所有権確認請求を併合して訴訟提起をすればよいのではないでしょうか。

織田：確認を求める所有権の範囲を示すということですが，やはりそれは図面を用いて示すことになりますよね。

武田：はい，そのとおりです。先日も筆界確定訴訟において，土地家屋調査士の必要性についてお話をしましたが，所有権の範囲の確認訴訟においても土地家屋調査士の協力は不可欠と言えます。

織田：主張，立証においては，何か気をつける点があるでしょうか。

武田：資料については，筆界確定訴訟と同じですが，取得時効の基礎となる占有について，現況構造物の設置時期や状況，占有状況などから丁寧に主張，立証していくことでしょうか。杞憂ですが，時効の援用も忘れずに。

織田：ありがとうございます。頑張ってみます。

武田：あと一つ注意点とすれば，所有権の範囲の確認訴訟において時

163

効が認められて，一定の範囲の土地所有権が確認されても，それだけでは登記に反映されません。筆界確定訴訟と違い，判決に第三者効はなく，判決の内容は登記所を拘束しないからです。したがって，時効取得の場合には，相手方に対して所有権移転登記を求めることになります。相手方がこれに応じなければ登記移転につき別途に訴訟をすることになります。これは，移転登記請求訴訟で純然たる給付訴訟です。事案にもよりますが，最初から相手方が登記請求に応じないことが明らかである場合には，この請求を所有権の範囲の確認訴訟に併せてしておくことも一つの方法です。なお，この移転登記請求訴訟の勝訴判決が確定した場合には，登記官がこの判決をもとにして，「確定判決」を理由に所有権移転登記をすることになりますが，この場合も，図面が現地復元性を有する有効なものであることが前提になります。ですから，ここでも土地家屋調査士の協力は，絶対に必要です。

織田：わかりました。少し自信がでてきました，本当に感謝いたします。

武田：ところで，相手方には，代理人がついているのですか。どなたでしょうか。

織田：たしか上杉越子弁護士の名前が出ていましたので，上杉弁護士が代理人になる可能性があると思います。

武田：ほお，上杉越子先生ですか。何度か相手方で訴訟をしたことがありますが，手強いですよ。ただ，決して卑怯なことはしない先生ですので，こちらも胸を借りるつもりで，正面からぶつかってみてください。ご健闘をお祈りします。

第7章 訴 訟

【解説編】

1 必要性

　土地の境界を争う訴訟として，筆界確定訴訟とは別に，所有権の範囲の確認訴訟（単に「所有権確認訴訟」ともいう。）が古くから行われている。

　筆界確定訴訟が，筆界線，すなわち公法上の境界線の発見あるいは発見できなかった場合の筆界の創設を実質とするものであるのに対し，所有権の範囲の確認訴訟は，直接的に自己の所有権の及ぶ範囲を確認するものである。

　土地の境界に関する紛争につき，筆界確定訴訟の他にこのような訴訟形式が用いられるのは，筆界確定訴訟においては，土地の所有権を前提としているものの，判決の内容は相隣接する土地の筆界線の位置の確定にとどまり所有権の存在には既判力が生じるものではないこと，処分権主義，弁論主義が制限される結果，裁判所により訴え提起当初に予想もしなかった位置に筆界線が確定されるリスクがあること，職権主義による審理がなされるおそれがあること（ただし，実際の筆界確定訴訟の運用をみるに，裁判所は職権主義的な審理には謙抑的である。）などを嫌ってのことであると言われる。しかし，実務上，所有権の範囲の確認訴訟が必要とされる最大の理由は，筆界と所有権界が乖離している場合があることにある。筆界は，元々所有権の範囲をもとにして定められていることから，基本的には所有権界と一致しているはずであり，その後もそのような筆界線で囲まれた範囲の土地を1個の土地として取引や相続の対象として承継していると思われるから，所有権界は筆界線と同一となるのが普通である。しかしながら，1個の土地の一部の譲渡，贈与，相続なども可能であり，分筆の上，所有権を移転する手続を取らずに1個の土地の一部分を交換する，いわゆる「勝手交換」も慣行として行われているのであって，これら所有権の一部移転により筆界と所有権界が乖離することは，珍しいことではない。また，土地の一部分について時効取得し，時効取得につき分筆，所有権移転の手続を経

165

ていない場合にも，筆界と所有権界は乖離する。そして，特に土地境界の紛争場面においては，係争土地を長年にわたり占有し，実際に利用している事実を基礎として筆界線を主張している場合が多く見られるところ，そのような場合には，占有をしている当事者は，たとえ筆界線が自己の主張するところに確定されなくとも，時効取得により当該係争地部分の所有権を確保できる可能性があることになる。そのため，筆界確定訴訟を提起するにおいて，筆界線が自らの主張する位置に確定されれば格別，そうでなく実質的に敗訴となった場合にも，時効取得により係争地部分の所有権を確認されることを目的として，所有権の範囲の確認訴訟を併せ提起することが多くみられる。

2 性　質

　所有権の範囲の確認訴訟は，私的な所有権の確認請求であり，一般の確認訴訟である。したがって，筆界確定訴訟における処分権主義や弁論主義の制限はなく，通常の民事訴訟法上の諸原則が適用される。

　すなわち，所有権に関する主張であるので，これを裁判外でいかに処分しようと自由であるから，裁判所の和解，調停が可能であることはもちろん，裁判外で当事者の話し合いにより所有権界を決めることもできる。請求の放棄，認諾も可能である。ただし，自己の主張する所有権界の線を特定できない場合には，訴訟自体が不適法となる。また，被告は，自己の主張線について認めてもらうためには反訴提起が必要である。職権証拠調べは基本的に許容されず，自白の拘束力も認められる。証拠が乏しい場合には，請求棄却の判決がなされる。控訴審では，不利益変更禁止の原則の適用があり，一部敗訴の判決の敗訴部分を自己に有利に変更してほしいと考える被控訴人は，附帯控訴（民事訴訟法293条）が必要である。

3 訴訟の提起時期

　筆界確定訴訟と所有権の範囲の確認訴訟は，全く別個の訴訟である。理

第7章 訴 訟

論的に考えると，筆界確定訴訟は一般の民事訴訟法上の原則が制限される特殊な訴訟であることから，一般の確認訴訟である所有権の範囲の確認訴訟とは，民事訴訟法136条の併合要件も，同法143条の訴えの変更要件も満たさないと思えるが，裁判所においては，紛争の実質及び妥当な解決を重視し，両訴訟の併合も筆界確定訴訟から所有権の範囲の確認訴訟への訴えの変更も認めている。

　このことから，両訴訟が併合されて一つの訴訟手続で審理されることが通常であるが，そうであるからといって，筆界確定訴訟の当初から所有権の範囲の確認訴訟を併せ提起するかについては格別の考慮を要すると思われる。すなわち，筆界確定訴訟において原告の主張する境界線の位置が確定されなかった場合に備え，時効取得を主張する場合には，時効取得による所有権の範囲に基づく所有権界の位置の主張は，筆界確定訴訟により主張する筆界線の位置より後退したものにならざるを得ない。実際には，時効取得の主張は予備的なものとしてなすことになるが（ただし，併合の形態については議論があるが，筆界確定訴訟には請求棄却の余地がないので，純然たる予備的併合とはなり得ない。），そのことにより筆界線の主張に関しては裁判所や相手方に対して弱みを見せることになるのは否定できない。そこで，筆界線の位置につき，証拠関係からして自己の主張が認められる可能性が高いと考えられるときは，筆界確定訴訟の訴訟経過を見ながら，その状況により追加的に所有権の範囲の確認訴訟を提起して併合するのも一考である。もちろん，筆界線の位置について，自己の主張が認められる可能性が高いと思えないときには，当初より両訴訟を提起すべきである。

　なお，所有権の範囲の確認訴訟について，筆界確定訴訟に遅れて追加的にしか提起できない場合もあり得る。所有権の範囲の確認訴訟においては，所有権の確認を求める土地の範囲，すなわち係争地の範囲を特定しなければならず，それをしなければ訴え不適法となるが，訴訟前に相手方の主張する境界線が示されていなければ，あるいはそれが特定されていなければ，係争地の範囲が特定できないことがあり得る。そのような場合には，筆界

167

確定訴訟において，相手方の筆界線の主張を待って，その筆界線をもとに
確認を求める土地の範囲を特定して，所有権の範囲の確認訴訟を提起する
ことになると思われる。

　もちろん，時効取得による所有権の範囲の確認訴訟は，筆界確定訴訟の
判決が確定した後においても，提起可能である。

4 審理，主張立証

　所有権の範囲の確認訴訟における審理は，一般の確認訴訟の審理である
が，筆界確定訴訟と併合されている場合には，証拠共通より，筆界確定の
ために収集された証拠も判断の材料となるので注意が必要である。

　また，売買，譲渡，時効取得など所有権の取得原因についての主張，立
証が必要なことは言うまでもない。特に，時効取得においては，自主占有
や占有状況，占有期間について丁寧な立証に心掛けるべきである。

5 所有権移転登記請求の必要性

　所有権の範囲の確認訴訟の判決には，第三者効はなく，登記所を法的に
拘束することもない。したがって，この判決だけでは，登記申請をするこ
とができない。

　筆界線と所有権界が乖離している場合には，筆界線と所有権界線で囲ま
れた部分の土地について，相手方に対して，分筆，所有権移転を請求する
ことになる。相手方が，判決を尊重して従い，これに応じればよいが，そ
うでない場合には，別途，所有権移転登記請求訴訟をしなければならない。
所有権の範囲の確認訴訟の訴訟提起以前において，相手方が，判決が確定
しても所有権移転登記に応じないであろうことが確実であるような場合に
は，所有権移転登記請求（これは給付訴訟となる。）を当初より請求に加えて
おくことも考えられる。

168

第7章 訴 訟

第4 筆界確定訴訟における訴訟上の和解

【事例編】

：織田 弁護士　　：徳川 土地家屋調査士

> 私は，徳川先生の協力のもと，筆界確定訴訟，及びこれに併合して所有権の範囲の確認訴訟を提起し，主張，立証につとめながら，幾度か期日を重ねた。
> その間，裁判所は，筆界特定の資料一式を送付嘱託により法務局から取り寄せるなどしたが，数回目の期日において，当事者に対して和解の勧告を行った。私は，徳川先生と対応を協議した。

織田：先の弁論準備期日で，裁判所から，「筆界については，筆界特定の線とし，乙山さんから甲野さんに対して一定の金銭給付を行うのと引き替えに，筆界特定の線から乙山さんが主張する線までの範囲の土地について，その所有権を乙山さんに移し，分筆移転登記を行うという方向で話ができないか。」と言ってきました。先生は，いかがお考えですか。

徳川：今のところ，裁判所は，相手方が有利であるとの心証なのでしょうね。確かに筆界特定は，一般には集められないような多数の資料を法務局が職権を使って集め，それを用いて専門家である筆界調査委員や筆界特定登記官が判断した結果ですので，裁判所としても，その判断について，尊重せざるを得ない部分があるのは否定できません。その判断を覆すのは，やはり並大抵ではないということですね。ただ，こちらとしては，敗訴判決となれば，通路の通行の不便を来し，建物の建て替えも難しくなる可能性があることになるので，そのリスクを考えれば，

169

和解による解決を考えてみるのもあり得ることだと思います。

織田：そうですね。和解において，何か注意する点はありますか。

徳川：筆界確定訴訟においても，和解がなされる場合がありますが，それは，筆界についての和解ではありません。筆界は，あくまで公のものであって，これを私人間の和解で定めることはできません。和解で合意されるのは，あくまでお互いの所有権の範囲，すなわち所有権界です。この点，乙山さんによく説明しておく必要があります。また，所有権移転登記のためにしっかりした和解図面を作らなければなりません。これは，私の仕事ですが。

織田：それ以外に裁判官から，「乙山さんから甲野さんに給付する金額などについて，調停に付して，そこでの話し合いで決めるという方法を採りたいと思っているが，それぞれ意見はどうか。」と聞かれました。どういうことですか。

徳川：筆界確定訴訟においても，民事調停法20条の「付調停」が可能です。ただし，そこでの調停が成立したとしても，その合意内容は，所有権の範囲，所有権界であり，筆界ではありません。

織田：わかりました。ともかく，和解の勧告が来たので，乙山さんに和解や付調停の手続を説明して，和解の席に着くか否かを決めましょう。

170

第7章　訴　訟

【解説編】

1 訴訟上の和解の可否

　筆界確定訴訟の対象たる筆界は公法上のものであり，私人において自由に処分することが許されないものであるとの観点から，筆界確定訴訟についての訴訟上の和解はできないとされている。しかし，実務上は，筆界確定訴訟において，多くが和解により解決している。これは，和解による合意を土地所有権の範囲についての合意であるとして，和解成立と共に筆界確定の訴えを取り下げるという方法（ないしは，筆界確定の訴えを所有権確認の訴えに交換的に変更するという方法）によるものである。このような訴訟上の和解は，筆界線と土地の所有権の範囲を画する線とを区別していないのが通常である当事者にとって，その意識に沿うものである。

　このように訴訟上の和解は，所有権の範囲に関するものであり，それゆえ当然に登記所を拘束するものではない。そのため訴訟上の和解を登記に反映するために，当事者間で「筆界確認書」を作成するなどしている。いずれにしても，その手続に関しては土地家屋調査士と相談して対処することが必要である。

2 調　停

　筆界確定訴訟においては，訴訟上の和解と同様に筆界についての合意ができないにもかかわらず，調停に付される（民事調停法20条）ことが少なからず見られる。ここにおいても，調停での話合いの対象は，筆界線の位置ではなく，所有権の範囲であり，また，成立した際の調停条項の内容は，筆界の合意ではなく，所有権の範囲の合意である。ただし，付調停において調停が不成立となり元の訴訟係属部に事件が戻された場合においては，再び筆界確定訴訟となり，筆界が審理の対象となる。

171

一般に土地境界に関する調停においては，自ら主張する筆界より譲歩した形で所有権界についての合意を受け入れる当事者に対し，他方当事者から解決金名目の金銭交付がなされることがよく見られる。

第7章 訴　訟

第 5 判決その他

【事例編】

：織田 弁護士　　：徳川 土地家屋調査士

　私と徳川先生は，乙山さんに和解及び付調停の説明をし，敗訴判決によるリスクを回避する方法を模索するものとして，とりあえず和解の席に着く旨を裁判所に対して回答することを勧めたが，乙山さんは，「甲野さんに対する金銭支払いなどはとんでもないことである。」として，和解に難色を示した。そこで，判決に向けて訴訟を進めることとなった。私は，筆界線については，裁判所から有利な心証を得るのは難しいと考え，時効取得における占有についての立証に力を注いだ。その結果，準備に準備を重ねた渾身の本人尋問の甲斐もあり，判決において，筆界確定訴訟については，筆界特定どおりの筆界線が認定されて敗訴したが，所有権の範囲の確認訴訟において，時効取得が認められ勝訴することができた。

織田：やったあ。徳川先生，勝ちました。筆界特定を覆すことはできませんでしたが，時効取得が認められました。これで，乙山さんの目的は達することはできたと思います。

徳川：やりましたね。判決文も読みましたが，穏当な判断だと思います。まだ，相手方が控訴する可能性はありますが，一段落つきましたね。よく頑張りました。

織田：ありがとうございます。これも徳川先生の懇切丁寧なご指導の賜です。

徳川：いやいや，私としては，もうひと頑張りして，筆界特定も覆したいという気持ちになっていたのですが……。でも，所有権が

173

> 認められた以上，控訴する必要はないと思います。もし，相手
> 方が控訴してきたら，新たな気持ちで頑張りましょう。
> 織田：このまま判決が確定したら，後の処理が必要になりますね。そ
> のあたりについても，ご助言，ご協力いただけますでしょうか。
> 徳川：もちろんです。

【解説編】

判　決

1 実質判決の必要性

　裁判所は，筆界確定訴訟につき，当事者適格やその他訴訟要件を欠くな
ど，訴えが不適法な場合でない限り，筆界を確定する実質判決をしなけれ
ばならない。たとえ当事者の主張する筆界線を証拠により認定できなかっ
たとしても，請求棄却の判決をすることは許されず，必ず判決で筆界を確
定しなければならない。一部棄却といった判決も想定できない。いわゆる
欠席判決も許されない。ただし，訴訟要件を欠く場合には，当然に訴え却
下の判決をすることになる。

2 判決の主文及び判決書添付図面

　筆界確定訴訟における判決の主文では，相隣地の筆界を明らかにするこ
とが必要であることは当然であるが，通常それは，判決書に図面を添付し
て，その図面上の筆界点を記載し，その筆界点を結ぶ線として示される。
また，この筆界点は，特定されていなければ，筆界線を明らかにしたとは
言えない。筆界点を特定するためには，判決書添付の図面が現地復元性の

第7章 訴 訟

あるもの，すなわち，基本三角点等に基づく測量の成果による筆界点の座標値，あるいは恒久的な地物などによる複数の不動点からの距離・角度ないしは座標値によって特定されていることが必要である。筆界線，ないしは筆界点が現地のいずれにあるか確定できない図面が添付されている判決書による判決は，主文不明確として違法なものである。また，登記申請を行っても，筆界点等を現地において特定できない場合には，登記官は，これを却下することになる。そのような判決は，当事者間においては効力を有するか否かは別としても，登記に反映することができない無意味なものである。実務においては，せっかく筆界確定訴訟において判決を得ても，特定が不十分などの理由から受理されず，登記に反映することができない事例が少なからず出現しているのも否定できない現実であり，残念なところである。判決書添付の図面は，当事者に土地家屋調査士が補助者として関与している場合には，一方の補助者が作成し，他方の補助者がこれを確認するなどといった方法により作成され，必要な部数を裁判所に提出するといった手続が採られることが多いが，土地家屋調査士において当該図面の作成，確認をする際には，登記のための図面として用いられることを十分に認識することが必要であり，場合によっては登記官に当該図面により受理可能であるか否かを事前に相談するといった慎重さも要求されるところである。また，測量鑑定により当該図面を作成する場合においても，作成者は，その重要性を十分に意識して，作業に当たることを要する。

3 判決の効力

　筆界確定訴訟の判決は，公的な存在たる筆界について，形成的効力を有する。また，この筆界に対する形成力は，第三者にも及ぶと解されている。これが判決の対世的効力によるものであるかについては争いのあるところであり，人事訴訟法24条を類推して対世的効力を認めるのが通説ではあるが，形成的効力の効果の事実上の反射的効力であるとする見解も有力であ

る。しかし，筆界確定訴訟の判決が，第三者効として登記所を拘束することは，制度の趣旨からして明らかである。したがって，判決の内容により示された筆界が，登記官の実地調査と異なった結論になったとしても，登記官は判決の内容を尊重して登記をしなければならない。ただし，前述のように判決の内容によって筆界線，ないしは筆界点が特定できない判決については，そもそも登記申請をしても却下されることになる。

控　訴

1 控訴の利益

　筆界確定訴訟につき，判決について不服のある当事者は控訴することになる。

　判決により主張どおりの筆界線が認められている当事者について，不服申立ての利益を認めるか否かについては，問題となるところである。筆界確定訴訟の性質を形式的形成訴訟とする以上，自らの主張する筆界線どおりの判決がなされた場合であっても，控訴の利益は認められるとするのが理論的であるかに思える。しかし，判決で認められた筆界線を首尾一貫して主張してきた当事者には，当該判決によって何らの不利益もないと考えられるのであって，そのような当事者に控訴の利益を認めることは，上訴制度の趣旨に悖ると思われる。したがって，自らの主張する筆界線どおりの判決を受けた当事者は，不服申立てができないと解すべきである。

2 控訴審判決における不利益変更禁止の原則の不適用

　筆界確定訴訟では，判決事項について，控訴審における不利益変更禁止の原則（民事訴訟法304条）の適用がない。したがって，例えば控訴審において，一審判決より控訴人に不利益な筆界線を認定することに差し支えは

第7章　訴　訟

ない。そのため，筆界確定訴訟において控訴をするに当たっては，控訴審において一審判決よりも自己に不利益な筆界線が認定されるおそれもあることに留意して証拠等を慎重に検討する必要がある。

訴訟後の処理

1 登記への反映

　筆界確定訴訟の判決により筆界線が確定し，それが第三者効を有するとしても，そのままでは第三者に対して確定した筆界線を示すことができない。これを登記に反映することによって初めて第三者にも筆界線の存在を示し，将来に向けて権利関係を安定させることになる。

　筆界確定訴訟の判決が確定しても，自動的に登記が嘱託されるという制度はなく，改めて当事者から登記申請等を行う必要がある。もちろん，その登記申請等を担うのは土地家屋調査士である。

　ここで申請すべき登記等は，地積更正登記，分筆登記及び地図訂正の申出などであるところ，そのために判決書の添付図面を用いることとなるが，先に述べたようにこの図面において，筆界点などが特定できないものであれば，登記申請が却下され登記ができなくなるのであって，判決書の添付図面については，慎重に作成されるべきものである。また，今日，申請図面の現地復元性については，基本三角点等に基づく測量の成果による座標値を要求されるようになってきており，なおさらの注意が必要である。

　そして，申請書の添付図面こそが，まさに当該土地間の筆界線の位置を示す資料そのものとなるものであって，将来の土地をめぐる権利関係の安定に資するものとなる。

177

2 境界標の設置

　筆界確定訴訟の判決の内容に基づいて，現地において相隣地間の筆界線
を示すために，筆界点などに境界標を設置できれば，権利関係の安定に資
するとともに，将来，当該土地の承継が発生したとしても，境界について
の紛争を防止できるという効果が期待できる。したがって，境界標の設置
は望ましいものであるが，その設置には，相隣地双方の土地所有者の合意
が必要であるところ（民法223条参照），筆界確定訴訟では，その判決の内容
について，双方当事者ともに不満がないということはあり得ず，感情的な
問題もあり，境界標設置の合意を得ることは，難しいのが実情である。た
だし，境界標の設置は，将来的には双方当時者にとって利益のあることで
あると考えられるので，設置に向けて話合いを試みてみるのも一考である。
話合いにより，合意に到らなかった場合は，相手方に対して，境界標の設
置を求める訴訟も可能であるとの見解もあるが，訴訟により実質的に解決
し得るかについては疑問なしとはしない。

　なお，境界標の設置は，土地家屋調査士の業務であることを付言してお
く。

第7章 訴　訟

◆ COLUMN ◆

測量鑑定

　測量鑑定について，以下，実務の参考として説明する。

1　測量鑑定はなぜ必要か
　土地境界紛争事件では「争っている土地の具体的場所を特定した図面」が審理上不可欠であるといえる。この種の事件では原告は原告土地を測量した図面しか添付しないことが多く，他方，被告もまた被告土地を測量した図面の提出しかないことが見られる。それも資格者による測量図なのか略図なのか，提出されているそもそもの図面で今後の審理ができるのかどうか，現地復元性を有する図面といえるのかどうか疑問のある図面の提出も中には見られる。しかし，そうは言っても数値測量がされるようになってからは当事者双方それぞれが任意に基準とする地点からの測量，いわゆる任意座標に基づく測量図面が大半である。
　上記のように，提出図面は係争地が1枚の図面として表記されていないため，裁判所は審理上の必要性から共通図面の作成を求めている。そこで当該事件を審理する上での共通図面の作成として，いわゆる「測量鑑定」と呼ばれている鑑定が準備されている。

2　民事訴訟法上の位置づけと鑑定事項
　一般的に，鑑定を行うに当たっては裁判所は民事訴訟法の規定（第4章第4節212条以下）により鑑定人を指定する。指定された鑑定人は書面又は口頭で，意見を述べることになる。実務では「鑑定報告書」として書面提出されることがほとんどである。また，鑑定人質問として鑑定人に対して質問をすることができる。その際には裁判所，鑑定の申出をした当事者の順で質問をすることになる。
　筆界確定訴訟だけに限らず，所有権確認等請求事件など，土地の境界紛争事件では「測量鑑定」が幅広く採用されているが，上記の鑑定

事項の整理には鑑定人として指定された者の関与は必要である。

　学識経験を有する者として，更に専門的知見を有する者として，当該事件で，必要とする測量は，どの範囲のどの程度の測量が必要であるのか，時として鑑定事項（案）の中には鑑定人としてできない（例えば，道路との官民境界確定や明示申請等）事項も記載されているケースも見られ，全く鑑定人が関与なしでの鑑定には当事者の求めているものと乖離する鑑定事項（案）が見受けられることがある。したがって，鑑定事項の整理には鑑定人の関与が必要である。

3　係争中の現地測量と主張図面の作成

　「測量鑑定」というと，「測量して図面を作るだけ」との単純な意味としか受け取られかねないが，実務では単に測量するだけではない。つまり「紛争中の土地の測量をする。」という前提がある。このことを鑑定人として指定された土地家屋調査士は忘れてはならない。

　そして，何よりも鑑定人には謙虚かつ公平公正に品位ある業務姿勢が求められる。紛争現地では当日に何が起こるかわからない。鑑定人としての凛とした姿勢は当事者に信頼され，より確かな鑑定業務をすることにつながるはずである。

4　測量鑑定実務の概要

(1)　鑑定の申出と鑑定事項の整理

　鑑定を行うには，通常は原告から「鑑定の申出」があり，鑑定事項（案）が提示される。また，被告からも被告としての鑑定事項（案）が提出される。

　裁判所は提出された当事者双方から提出された鑑定事項（案）を整理して，正式な鑑定事項として鑑定に付すという手続がとられている。

　そうすると，この鑑定事項の整理をするには，当然のことながらその前に訴訟提出資料や証拠の確認は必要となる。この場合は書記官に申出をし，記録の閲覧をすることとなる。

　鑑定事項が整理されると，現場に行く前には立会当日の進行のため

180

の事件記録の再確認が必要である。当日のそれぞれ当事者が主張して
いる事件の概要の確認と復習のためである。これらが整理確認できて，
やっと現場へ足を運ぶこととなる。

(2) 現地立会と留意事項

現場では，まずは原告，被告それぞれ当事者や関係人に対して測量
鑑定を実施する旨の説明を鑑定人として行い，原告，被告それぞれが
現地における主張指示する境界（線），あるいはその根拠とする基点
とする箇所の確認を実施することになる。いきなりの測量はあり得な
いし，できない。

裁判で争うまでに至ってしまった境界紛争は，原告，被告それぞれ
の感情的対立にも激しいものがある。そのような中で鑑定人として現
地の立ち入りをし，当事者それぞれから主張境界線について現場で聴
取することになる。鑑定人自らがこれら紛争を意識した立会であるこ
とを忘れてはならない。

説明を受けた地点は，後日の鑑定図面の記載や鑑定報告書での根拠
となる説明基点となることもあって，適宜の現地指示点記録を残す必
要がある。

また，現地測量の実施日については立会の日とは別途に測量実施を
する日を予定することを勧めたい。わざわざ2回に分けるというのは，
2回も現地確認ができるというメリットがあるからである。人の記憶
は頼りない。確認できる機会は多いに越したことはない。

(3) 鑑定報告書

鑑定事項の整理から鑑定報告書の作成まで，民事訴訟法を理解し，
訴訟記録を読み，そして鑑定事項の最後に「その他参考意見」として
項目を設けることが事件によってはある。そのような鑑定をする意味
はどこにあるのだろう。土地家屋調査士が有する専門的知見に裁判所
の期待があるからではないだろうか。筆界についての専門的知見を有
する者であるからこそ，プロフェッショナルとして裁判所の期待に沿
う仕事ができる。当事者双方にわかりやすい言葉での鑑定報告書を是
非提出したいものである。

5　期待に応える

　平成18年 1 月から，法務局の筆界特定登記官が外部の専門家の意見を踏まえて現地における筆界の位置について登記官の認識を示すという手続が開始された。筆界特定制度は10年が経過した。この間，多くの土地家屋調査士が関与している筆界特定は，国民の期待に応える成果をあげているものと思われる。昨今，裁判所では筆界特定に期待があり，「付鑑定」のような訴訟運営も検討されているかのように仄聞する。いずれも土地家屋調査士への大きな期待があるという証であろう。

　「測量鑑定なんて，測量して，図面を作るだけのこと。そんなことは土地家屋調査士でなくともできる……。」果たしてそうなのだろうか。

　土地家屋調査士だからこそできる専権業務であることを忘れてはならない。

第8章 ADR

本章の内容は，第6章の筆界特定手続に続くものである。第7章のように訴訟へと進むパターンもあれば，本章のようにADRへと進むパターンもあり得る。本章は，第7章の訴訟とは別の紛争解決手段としてADRを選択した場合について記載する。どちらを選択すべきかについては，事件の性質や依頼者の意向等を勘案して判断することとなる。

なお，ADRは柔軟な利用が可能であるので，本書のように筆界特定手続の後に利用することも可能であるし，筆界特定手続を経由することなく利用したり，訴訟の係属中に併行して利用したりすることも考えられる。

第1 ADRとは何か

【事例編】

：織田 弁護士　　：徳川 土地家屋調査士

甲野さんが申請した筆界特定手続により，残念ながら，ほぼ甲野さんが主張するとおりの位置に筆界が特定されてしまった。私は，厳しいかなと感じつつも，依頼者である乙山さんの主張を認めてもらえる可能性も多少はあるのではないかと考えていたため，落ち込んでいる。いずれにせよ，この結果を受け止めた上で，今後のことを考える必要がある。

筆界特定には行政処分としての効力はなく，筆界の所在に関する筆

183

界特定登記官の認識を示すものにすぎないので，筆界確定訴訟を提起
し，筆界特定の結果とは異なる位置に境界が存在するという判決を得
ることができれば，そちらが優先する。

　では，訴訟を提起してこちらの主張を認めてもらえる可能性はどの
程度あるだろうか。私は，決して楽観することはできないものの，少
しは可能性があると考えていた。また，仮に訴訟でも相手方の言い分
どおりの位置に筆界が存在すると判断されたとしても，乙山さんが係
争地を継続して占有し続けていることを証明できれば，取得時効の成
立を認めてもらえる可能性は十分にある。そうであれば，係争地の所
有権が乙山さんにあることを早期に確定し，登記にも反映させておい
た方がよいだろう。よし，訴訟を提起しよう。

　ところが，私が訴訟提起を勧めたものの，依頼者の乙山さんは，筆
界特定手続で不利な結果が出てしまったこともあり，やや及び腰であ
る。むしろ，多少であればお金を支払ってもよいので，係争地を確実
に自分のものにしてしまいたいとのことであった。乙山さんは，甲野
さんとは隣同士でもあるので，いつまでもいがみ合う関係が続くこと
は好ましくないとも考えているようだ。

　私は，徳川先生に相談してみることとした。

織田：徳川先生，筆界特定手続は残念な結果となりました。

徳川：そうですね。ただ，筆界特定書を何度か読み直しましたが，や
　　　はり第三者的な立場から見ると，筆界については相手方の主張
　　　に分があったかもしれませんね。仕方ないですよ。

織田：徳川先生は元々，筆界特定の申請には消極的でしたね。結果が
　　　出てしまったものは仕方がありませんので，今後のことをご相
　　　談したいのですが。

徳川：以前から織田先生は取得時効の成立が認められる可能性はある
　　　とおっしゃっていますし，訴訟をされますか。

第8章　ADR

> 織田：それが，乙山さんがどうも消極的でして，なかなかゴーサイン
> をもらえそうにないんです。どちらかというと，訴訟で白黒つ
> けるというより，話合いで早く決着をつけたいというのが本音
> のようでして……。
>
> 徳川：訴訟となると，どうしても角が立ってしまいますからね。そう
> いうことでしたら，ADRを利用してみてはどうですか。
>
> 織田：ADRですか。第三者機関が間に入って話合いをするという漠
> 然としたイメージを持っていますけど，実際の手続がどんなも
> のか想像できないのですが……。

【解説編】

1 ADRの定義

　ADRとは「Alternative（代替的な）Dispute（紛争）Resolution（解決）」の
頭文字をつなげた用語であり，広義には「訴訟以外の紛争解決方法」を意
味する（したがって，裁判所の調停手続を含める場合もある。）。しかし，本書で
は，「民間の機関が実施する和解の仲介手続（又は当該機関そのもの）」を意
味する用語として使用する。裁判外紛争解決手続の利用の促進に関する法
律2条1項では，「民間紛争解決手続」という用語を使用し，「民間事業者
が，紛争の当事者が和解をすることができる民事上の紛争について，紛争
の当事者双方からの依頼を受け，当該紛争の当事者との間の契約に基づき，
和解の仲介を行う裁判外紛争解決手続」と定義しているが，これは本書が
ADRと呼ぶものと概ね同義である。

185

2 ADRの特徴

　訴訟を始めとする裁判所の手続は，民事訴訟法等の法律によって手続の進め方が厳格に定められている。他方，ADRの手続は，基本的に各ADR機関が自由に設計することができる。このため，比較的柔軟な手続運営が可能であり，簡易かつ迅速な解決を売りとしているADR機関は少なくない。

　また，ADRと類似した裁判所の手続である民事調停では，必ずしも実際に手続を担当する調停委員が専門的知識を有しているとは限らない。しかし，ADR機関では，手続実施者としてその分野の専門家を揃えていることが多いため，専門性という点もADRの魅力の一つであるといえる。

3 ADRで行い得ること

　ADRで刑事事件や行政事件そのものを取り扱うことはできない。しかし，ADRで刑事事件の被害弁償に関する交渉をしたり，私人と行政機関との民事上の紛争の解決を図ったりすることは可能である。このため，事実上，世の中の紛争のほとんどをADRで取り扱うことが可能である。もっとも，各ADR機関ごとに取り扱う紛争の範囲を定めていることが多いため，ある紛争が取扱いの対象となるか否かについては，事前に当該ADR機関に確認する必要がある。

　境界に関する紛争について述べると，ADRにより，所有権の帰属や範囲を確認したり，所有権の侵害状態を除去する旨の合意をしたりすることは可能である。他方，公法上の境界（筆界）については，当事者間で和解をすることができない性質のものであるため，ADRで合意することも不可能である（仮に合意をしたとしても，公法上の境界を定めるという効力はない。）。しかし，ADRにおいて，筆界の位置に関する当事者双方の認識が一致したことを確認し，ADRの手続と並行して筆界確認書を作成し，登記に活用するといった利用は可能である。

第8章 ADR

4 認証ADRについて

　裁判外紛争解決手続の利用の促進に関する法律では，法務大臣による認証制度が設けられている。これは，一定の条件を満たしたADR機関に対し，法務大臣が認証を与えた場合，当該機関で実施されるADR手続について，特別な法的効果を認める制度である。

　具体的には，①時効の中断（同法25条），②訴訟手続の中止（同法26条），③調停の前置に関する特則（同法27条）の三つの法的効果が定められている。

　①は，紛争の当事者間に和解が成立する見込みがないことを理由に手続実施者がADR手続を終了した場合において，紛争の当事者がその旨の通知を受けた日から1か月以内にADR手続の目的となった請求について訴訟を提起したときは，時効の中断に関し，ADR手続における請求の時に訴訟の提起があったものとみなすというものである（なお，法律の文言上，ADR手続の相手方が手続に応諾したことが要件とされているように読めるので，時効完成が間近に迫っている場合には注意を要する。）。

　②は，紛争の当事者間に訴訟が係属する場合において，ADR手続が実施されている，あるいはADR手続によって紛争を解決する旨の合意がある場合，当事者の共同の申立てにより，裁判所が4月以内の期間を定めて訴訟手続を中止する旨の決定をすることができるというものである。

　③は，民事調停法24条の2第1項の事件又は家事事件手続法257条1項の事件（同法277条1項の事件を除く。）については，訴訟提起前に民事調停又は家事調停の申立てを行うことが訴訟要件とされているが（調停前置主義），これらの紛争の当事者が，訴訟提起前に当該事件についてADR手続の実施の依頼をし，当該依頼に基づいて実施されたADR手続によっては当事者間に和解が成立する見込みがないことを理由に当該ADR手続が終了した場合においては，調停前置主義の例外として，民事調停又は家事調停を経ていなくとも，訴訟を提起できるというものである。

　認証ADRに認められた上記の三つの法的効果は限定的なものである。

187

しかし，裁判外紛争解決手続の利用の促進に関する法律6条が定める認証の基準は極めて厳格なものであるため，認証を受けていること自体が一定のレベルを備えた手続を実施していることを意味すると捉えることも可能である。法務大臣が認証したADR機関については，ウェブ上にて「かいけつサポート」との愛称で公開されており，各機関の取り扱う紛争の範囲や取扱実績等を確認することが可能である。

(http://www.moj.go.jp/KANBOU/ADR/index.html)

5 ADRの課題

　裁判外紛争解決手続の利用の促進に関する法律が「紛争の当事者双方からの（ADR機関に対する）依頼」及び「（ADR機関と）紛争の当事者との間の契約」との文言を使用しているように，ADRを利用するか否かは当事者の自由であり，参加を強制されることはない。このため，申立てがなされても，相手方当事者がADRに参加するか否かは自由である（この点は訴訟と大きく異なる。）。ADRという制度自体が世間に十分に周知されておらず，各ADR機関の名称等もさほど世間には浸透していないことから，相手方の応諾率（手続に参加する率）は決して高くないものと思われる。この点がADR制度の課題の一つとなっている。

　また，ADRでの合意内容はあくまでも紛争の当事者間の私的な合意にとどまる。このため，確定判決を得たり，裁判上の和解をしたりした場合には，これらに基づく強制執行が可能であるのに対し，ADRでの和解内容を直ちに強制的に実現することはできない。この点もADR制度の課題といえる（ただし，和解が成立する見込みとなった段階で仲裁手続に移行するといった方法により，強制執行力を生じさせるよう工夫しているADR機関も存在するようである。）。ADRを活性化し，紛争解決方法の新たな選択肢・メニューとして充実したものとするためには，例えば法務大臣の認証を得たADR機関での和解については強制執行力を付与するといった法改正も検討する余地が十分にあるのではないだろうか。

第2 土地家屋調査士会によるADR

【事例編】

：織田 弁護士　　：徳川 土地家屋調査士

織田：お話をうかがっていて，司法修習のとき，弁護士会でADRに関する研修を受けたことを思い出しました。講師の話が面白くなくて居眠りしてしまったような……。それはともかく，具体的にどんなADR機関を利用すればよいのですか。

徳川：織田先生は，「境界問題相談センターおおさか」という名前を聞いたことはありませんか。

織田：それ聞いたことありますよ。クリアファイルを何度かもらったことがありますので，名前は覚えています。でも，名前のとおり，境界に関する相談に乗ってもらえる機関ではないのですか。

徳川：相談だけではありませんよ。織田先生が所属する大阪弁護士会も運営に関与しているのですから，一度，境界問題相談センターおおさかのホームページ（http://www.kyokai-osaka.jp/）をじっくりご覧になってください。

【解説編】

1 土地家屋調査士会が実施するADR

　全国の各土地家屋調査士会は，各地の弁護士会と協働することにより，「土地の筆界が現地において明らかでないことを原因とする民事に関する紛争」について，ADRを実施している（以下「調査士会ADR」という。）。

　なお，調査士会ADRが取り扱う紛争の範囲が「土地の筆界が現地において明らかでないことを原因とする」ものに限定されているのは，認定土地家屋調査士（後記3参照）のADRでの代理権について規定した土地家屋調査士法3条1項7号が，このように紛争の範囲を限定しているからである。したがって，確定判決により土地の境界が明らかになっている場合は，調査士会ADRを利用することはできない（ただし，確定判決によって理論上は境界が確定しているが，現地でこれを復元することができないような場合には，上記要件を満たすと考える余地はあるように思われる。）。

2 調査士会ADRの特徴

　調査士会ADRでは，通常，弁護士と土地家屋調査士が共同して手続実施者となり，和解の仲介を行う。紛争解決の専門家である弁護士と，境界問題の専門家である土地家屋調査士がタッグを組んで紛争解決に当たるのであるから，その専門性は極めて強力なものといえる。

　全国の各土地家屋調査士会は，いずれもADR機関として裁判外紛争解決手続の利用の促進に関する法律に基づく法務大臣の認証を受けている。

3 認定土地家屋調査士について

　土地家屋調査士法3条2項は，法務大臣が同法3条3項に基づき指定し

たADR機関において，一定の研修を受講し，法務大臣がADR手続代理関係業務を行うのに必要な能力を有すると認定した土地家屋調査士（以下「認定調査士」という。）が当事者の代理人となることを認めている。ただし，この場合，弁護士と共同して代理人となることが条件とされている。これは，法律事務は基本的に弁護士のみが取り扱う旨を定める弁護士法72条の例外に当たる。

　認定調査士が代理人として手続に関与することができるADR機関は，法務大臣が指定したものに限られる。全国の土地家屋調査士会は，すべて法務大臣の指定を受けているため，認定調査士が代理人となることが可能である。他方，現時点では，土地家屋調査士会以外の団体が運営しているADR機関が法務大臣の指定を受けた例はないようである。

　画期的な制度であるが，残念ながら，認定調査士が代理人としてADR手続に関与した例は少ないようである。苦労して取得した認定調査士の資格をどのように活用するかという点は，土地家屋調査士会及び個々の認定調査士にとっての大きな課題である。また，共同代理人となる弁護士の側も，認定調査士制度を十分に理解しておく必要がある。

4 調査士会以外のADR機関について

　調査士会ADRの他にも，境界に関連する紛争を取り扱っているADR機関は存在する（弁護士会のADRセンターなど）。しかし，調査士会ADRのように，境界紛争だけを専門的に取り扱い，手続実施者として弁護士と土地家屋調査士とを必ず選任するADR機関は今のところ見当たらない。また，土地家屋調査士会以外のADR機関が前記3の法務大臣の指定を受けた例も今のところないようである（したがって，現時点で認定調査士が代理人として業務を行うことができるADR機関は，調査士会ADRに限られる。）。このような意味で，調査士会ADRは，境界に関連する紛争に特化した高度の専門性を誇る唯一のADR機関であるといえる。

なお，調査士会ADR以外で境界紛争を取り扱うADR機関の一つとして，大阪には公益社団法人民間総合調停センターが存在する。同センターでは，大阪弁護士会や大阪土地家屋調査士会を含む多数の専門家団体が結集してADRを実施している。同センターは，民事に関するあらゆる紛争を取り扱っており，境界に関連する紛争もその中に含まれている。

5 境界問題相談センターおおさかとは

　境界問題相談センターおおさかとは，大阪土地家屋調査士会が主体となり，大阪弁護士会と協働して運営しているADR機関である。

　同センターは，土地の筆界に関する紛争及び土地境界が不明であることに起因する所有権の範囲に関する紛争（筆界特定手続により筆界が特定された土地の紛争を含む。）についての相談及び調停を実施している。

6 境界問題相談センターおおさかの歩み

　境界問題相談センターおおさかは，大阪土地家屋調査士会内の組織として，平成15年に発足し，事業を開始した（したがって，あくまでも事業主体は大阪土地家屋調査士会である。）。その後，平成19年9月5日，土地家屋調査士法3条1項7号に基づく法務大臣の指定を，平成19年12月17日，裁判外紛争解決手続の利用の促進に関する法律に基づく法務大臣の認証をそれぞれ受け，現在に至っている。平成25年には，10周年記念行事が開催された。

　開業から平成27年10月31日までに，478件の相談申込みと120件の調停申立てを受理した。これまでに取り扱った調停の事件数自体は必ずしも多くはないが，比較的多くの紛争が相談手続での助言によって解決されている部分も少なくないと思われる。

　同センターでは，毎月1度，弁護士5名及び土地家屋調査士5名によって構成する運営委員会が開催されており，相談及び調停手続を活発化し，

第8章　ADR

より充実した社会貢献を果たすことができるよう検討と努力が重ねられている。

7 手続及び費用の概略

　境界問題相談センターおおさかでの「相談」は，弁護士1名及び土地家屋調査士1名の相談員が共同して担当している。当事者から相談内容を聴取し，適切な解決方法等を回答している。相談申出書は図23のとおりである。

　同センターの調停手続に適していると思われる案件については調停の申立てを推奨している。また，場合によっては，筆界特定制度の利用を進めたり，弁護士会の法律相談センターを紹介したりするなど，他の関係機関とも連携し，当事者が最適な紛争解決手段を選択することができるよう助言を行っている。相談手数料として，1時間までで8,400円が必要である。

　「調停」は，弁護士1名・土地家屋調査士2名が調停員となり，当事者双方から事情を聴取し，和解の成立に向けての仲介を実施する手続である。調停に要する費用は，調停申立手数料及び第1回期日手数料の合計として2万1,000円，第2回以降の期日手数料として各回2万1,000円，成立手数料21万円などである（平成28年3月現在）。調停申立手数料及び第1回期日手数料の合計2万1,000円については申立人が納付し，その他の費用は基本的に申立人と相手方との間で折半していただく形を取ることが多い。他に，鑑定を実施する際の鑑定費用等の負担が生じる場合がある。

　境界問題相談センターおおさかで取り扱うことができる紛争か否か，調停での解決に適しているか否か等を判断するため，原則として調停の前に相談を経ていただくこととしている（同センターでは，「相談前置」と呼んでいる。）。ただし，筆界特定を経ている事案や，弁護士又は調査士である代理人が申立てを行う事案等については，運営委員会の決議により，相談前置の例外として相談を経ることなく調停申立てを受理するケースも多い。

　境界問題相談センターおおさかでの手続の流れは，図24のとおりである。

193

図23　境界紛争相談申出書

境界紛争相談申出書

受付印

事件番号　平成　　年(S)第　　号

境界問題相談センターおおさか　御中

下記のとおり、相談の申出をします。　　　　申出年月日 平成　　年　　月　　日

申出をされる方	申出人 あなたの お名前	〒□□□-□□□□ 住所 フリガナ 氏名(会社名・代表者名)　　　　　　　印 (TEL)　　　　(FAX)　　　　(携帯)
	□代理人 □補佐人	住所 フリガナ 氏名(資格　　　　)　　　　　　　印 (TEL)　　　　(FAX)　　　　(携帯)
	□代理人 □補佐人	住所 フリガナ 氏名(資格　　　　)　　　　　　　印 (TEL)　　　　(FAX)　　　　(携帯)
相手方・利害関係人	相手方の お名前	〒□□□-□□□□ 住所 フリガナ 氏名(会社名・代表者名) (TEL)　　　　(FAX)　　　　(携帯)
		住所 フリガナ 氏名(会社名・代表者名)

相談したい土地の所在
① 大阪府　　　　郡市　　　　区・町　　　　番 (所有者　　　　)
② 大阪府　　　　郡市　　　　区・町　　　　番 (所有者　　　　)
③ 　府県　　　　郡市　　　　区・町　　　　番 (所有者　　　　)

(1/2)

第8章　ADR

相談内容の概要　紛争の実情	1. 申し出の理由（具体的な状況） ①紛争の実情とその経過 ②現在の土地の占有状況（利用状況） ③境界杭又は建物や塀等の現状

特に相談を求めたい事柄があれば記入して下さい。

境界問題相談センターおおさかのことを何でお知りになりましたか。（番号に〇印をして下さい）

　　　1. 官公庁　　2. インターネット　　3. 新聞　　4. テレビ　　5. 知人・友人

　　　6. 土地家屋調査士　　7. 弁護士　　8. その他（　　　　　　　　　　）

（2／2）

図24　相談及び調停手続の開始から終了に至るまでの標準的な手続の進行

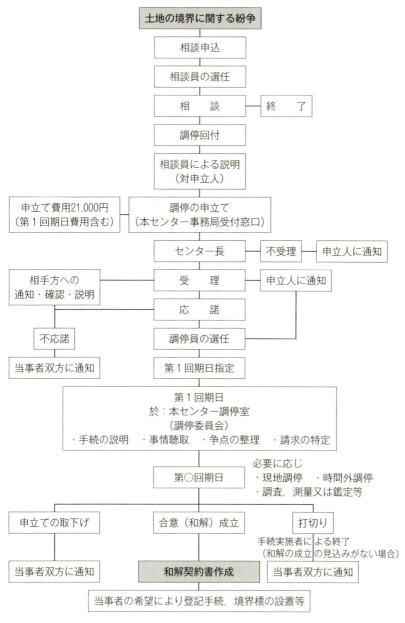

第8章 ADR

8 境界問題相談センターおおさかの取組み（簡易調停について）

境界問題相談センターおおさかでは，大阪法務局と緊密に連携し，境界に関する問題をできるだけ根本的かつ効率的に解決しようと考えている（一例として，大阪法務局，大阪弁護士会，大阪司法書士会，大阪土地家屋調査士会及び境界問題相談センターおおさかの5団体において，定期的に筆界特定制度に関する協議会を開催している。）。

そのための取組の一環として，筆界特定がなされた事件について，簡易かつ安価な手続により，境界標設置を基本とする合意を成立させることを目的とした調停手続（以下「簡易調停」という。）を実施している。

簡易調停は，筆界特定がなされた後，現地に境界標を設置することによって容易に解決することが見込まれる事件について実施される。簡易調停手続では，相談を経ていなくとも調停の申立てが可能であり，成立手数料が発生しないため，通常の調停よりも当事者の経済的負担は小さい。簡易調停と通常の調停との主な相違点は，次のとおりである。

	通常の調停	簡易調停
相　　　談	原則として相談を経た後に調停を実施する。	相談手続を省略することができる。
成立手数料	21万円	無料
期日の開催	制限なし	2回まで（3回目以降の期日を実施する場合は，成立手数料が発生する）

筆界特定手続によって筆界が特定されたとしても，両当事者の合意がない限り，境界標を設置することはできない。他方，所有権の侵害状態を除去することが困難な事例や，取得時効の主張がなされている事例等を除けば，筆界特定後に境界標さえ設置すれば紛争を解決できるケースは少なくないと思われる。このため，簡易調停の存在意義は小さくない。

197

なお，筆界特定がなされていても，後に筆界確定訴訟が提起されれば別の場所に境界が定められる可能性も否定できないことから，簡易調停の対象となる事件も「土地の筆界が現地において明らかでないことを原因とする民事に関する紛争」に含まれていると考えることが可能であり，調査士会ADRの範疇を超える手続を実施しているわけではない。

　境界問題相談センターおおさかでの簡易調停の手続の流れは，図25のとおりである。

第8章 ADR

図25 筆界特定後の簡易調停

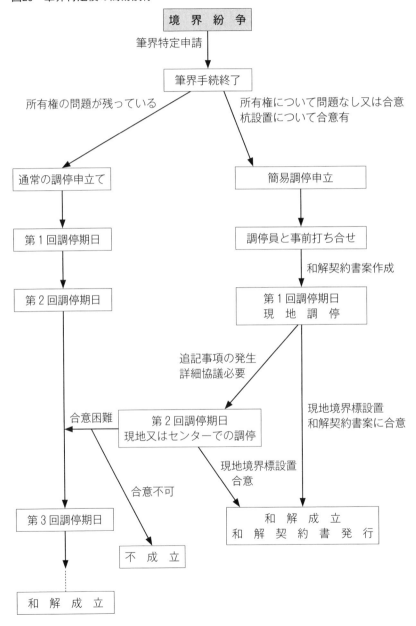

第3 境界紛争調停申立書について
【事例編】

：織田 弁護士　　：徳川 土地家屋調査士

　ADRと境界問題相談センターおおさかについて，徳川先生から概要を教えてもらった。境界問題相談センターおおさかは，大阪土地家屋調査士会が大阪弁護士会と協働して運営しているADR機関であり，境界問題に関する相談だけでなく，紛争解決のための調停手続を実施しているという。

　私は，これなら依頼者の意向に沿った手続といえるのではないかと思った。費用については概ね理解できたが，申立てはどのようにするのだろうか。解決までにどのくらいの期間を要するのだろうか。引き続き，徳川先生にサポートしてもらいたいのだが，共同して代理人になってもらうことは可能だろうか。これらの点をしっかりと確認した上で，依頼者に境界問題相談センターおおさかへの調停申立てを勧めてみようと考えた。

織田：徳川先生，境界問題相談センターおおさかが実施している調停は，まさに依頼者の希望に沿う手続です。これをお勧めしてみようと思いますが，本件で簡易調停手続を利用することは可能でしょうか。

徳川：取得時効の成否について争いがありそうですので，「現地に境界標を設置・確認することによって容易に解決することが見込まれる事件」とはいえないように思います。簡易調停の対象となる事件ではないと判断される可能性が高いのではないでしょうか。

織田：そうですね。それでは通常の調停として申立てをしようと思いますが，センターが実施する「相談」は経由しないといけないのでしょうか。

徳川：境界問題相談センターおおさかでは，弁護士又は調査士が代理人となって申立てをする事件については，相談手続の省略を認めてもらえる場合が多いようですので，経由しなくても大丈夫だと思います。

織田：そうですか。ところで，徳川先生は認定調査士なのですか。そうであれば，是非，共同代理人となっていただきたいのですが。

徳川：実は，認定調査士制度ができた最初の年，調査士会から認定を受けなさいと強く勧められまして，お金を払って長時間の研修と考査を受け，認定をもらいました。

織田：そうですか。認定を受けるのも大変そうですね。いずれにせよ，一緒に代理人になっていただけますね。

徳川：もちろんです。貴重な機会を与えていただき，ありがとうございます。

織田：ところで，申立てはどのようにするのですか。

徳川：境界問題相談センターおおさかでは，境界紛争調停申立書の雛形を作成していますので，当事者の方がご自身で作成する場合は，これに記入していただく形でよいと思います。ただ，代理人が作成する場合は，別紙を活用して独自の書式で作成すればよいのではないでしょうか。ところで織田先生，実は私は認定調査士として代理人になるのは初めてなのですが，せっかくの機会ですので，私に申立書の起案をさせてもらえませんか。その後，弁護士の視点でチェックしてもらいたいのですが。

織田：チェックなどとはおこがましいですが，それでは徳川先生，申立書案の作成をお願いします。

（後日）

徳川：織田先生，私が起案した申立書案はどうでしょうか。

織田：徳川先生，一通り読ませていただいたのですが，一番気になったのは，事実に関する記載と評価に関する記載が混在していることです。まず，時系列に沿って客観的な事実を記載した上で，その後に依頼者である乙山さんの立場からの評価を記載するという順序で書いた方が理解しやすいのではないかと思います。

徳川：そういえば，認定調査士の資格を取得する際の特別研修でも，講師がそのように説明していました。

織田：もう一つ，有利な事実であるか不利な事実であるかをあまり意識することなく，漫然と記載しているような印象があります。相手方が主張するかどうかもわからない不利な事実について，あえてこちらから言及する必要はないように思います。

徳川：そういえば，それも講師が述べていました。ただ，そのときも釈然としなかったのですが，事実は事実として分け隔てなく書くべきなんじゃないでしょうか。それが中立なように思うのですが。

織田：徳川先生，誤解しないでください。代理人というのは公正かつ誠実に活動する必要はありますが，基本的に中立性を求められる立場にはありませんよ。あくまでも依頼者に有利な解決を導くよう努める必要があります。ADRは和解による解決を目指す手続ですが，和解というのは，双方の主張の説得力の大小によって，どこで線引きをして合意するかが変動し得るものです。正解なんてありませんから，中立性ということを気にしすぎると，依頼者に損をさせることになってしまいます。土地家屋調査士の先生が日常的に扱っておられる表示登記に関する業務は，正確性・客観性が極めて重要だと思いますが，和解というのは判決と同じく勝ち負けのある世界ですから，少し視点を変えて

第8章　ADR

いただく必要があると思います。

徳川：はあ，そういうものですか。

織田：申立書を作成する段階から勝負は始まっているのですよ。特に，申立人は相手方より先に調停員に言い分を聞いてもらえるわけですから，先手を取って調停員を味方につけてしまうチャンスがあるわけです。その意味で，申立書は依頼者の主張をわかりやすくアピールし，調停員を説得し，和解協議を有利に進めるための第一歩になる内容のものでなくてはなりません。私たち弁護士は，いつもそういう意識で訴状を作成しているんですよ。

徳川：わかりました。ご指摘いただいた点を踏まえ，もう一度，申立書を作成してみます。ただ，代理人に中立性は求められないとおっしゃっている点は少し引っかかる部分もありますので，いずれまた議論させていただければと思います。

織田：（内心で）ちょっと誇張し過ぎたかなあ……。

【解説編】

1　境界問題相談センターおおさかが作成している境界紛争調停申立書の書式は，図26のとおりである。

2　申立書は，調停員を説得し，有利な和解に誘導してもらうための第一歩となるものである。物事が第一印象で決まってしまうことも少なくないことを考えると，申立書の作成には細心の注意が必要である。

　例えば，時系列に沿って丁寧に客観的事実を記載すること，事実の持つ意味合い（有利な事実か，不利な事実かなど）を十分に意識して記載すること，事実と評価を混在させるのではなく，事実を記載した後に評価を加えること，事実を立証するための証拠を揃えて提出することなどの工

203

夫が必要であると思われる。

3　このような考え方は，おそらく多くの弁護士に共通するものであると思われる。他方，弁護士がこのような考え方を述べると，異論を唱える土地家屋調査士も少なくないようである。これは，一方当事者の代理人として紛争に関与することの多い弁護士と，正確性や客観性が重視される表示登記に関する業務に関与することの多い土地家屋調査士との日常業務の性質の違いに起因するようである。

　いずれにせよ，こうした性質の違いを強調するため，「事例編」での織田弁護士のコメントはやや誇張したものとしたが，共同して代理人となる以上，認定調査士は弁護士がどのような発想で依頼者の利益を実現しようとするのかを理解しておく必要がある。

　他方，認定調査士と共同代理をする弁護士の側でも，自らの発想が正しいと決めつけるのではなく，日常業務の性格の違いから，織田弁護士と徳川調査士のような考え方の違いが生じるのだということを踏まえ，相互理解に努める必要がある。

　なお，筆界特定手続及びADRの代理業務に関しては，土地家屋調査士が代理人となれない場合が法定されているので，注意が必要である（土地家屋調査士法22条の2）。

第8章 ADR

図26 境界紛争調停申立書

境界紛争調停申立書

受付印

事件番号　平成　年（Ｔ）第　　号
（関連事件　平成　年（　）第　　号）

境界問題相談センターおおさか　御中

下記のとおり，紛争の解決を求めます。　　申立年月日　平成　年　月　日

申立てをされる方	申立人	〒□□□－□□□□ 住所 フリガナ 氏名（会社名・代表者名）　　　　　　　　印 （TEL）　　　　（FAX）　　　　（携帯）
	□代理人 □補佐人	住所 フリガナ 氏名（資格　　　　　）　　　　　　　　印 （TEL）　　　　（FAX）　　　　（携帯）
	□代理人 □補佐人	住所 フリガナ 氏名（資格　　　　　）　　　　　　　　印 （TEL）　　　　（FAX）　　　　（携帯）
相手方・利害関係人	相手方の お名前	〒□□□－□□□□ 住所 フリガナ 氏名（会社名・代表者名） （TEL）　　　　（FAX）　　　　（携帯）
	□代理人 □補佐人	住所 フリガナ 氏名（資格　　　　　） （TEL）　　　　（FAX）　　　　（携帯）
	□代理人 □補佐人	住所 フリガナ 氏名（資格　　　　　） （TEL）　　　　（FAX）　　　　（携帯）

（1／3）

この部分は相手方に送付されます。

紛争の解決を求めたい土地の所在

① 大阪府　　　郡市　　　区・町　　　番（所有者　　　　　　　）

② 大阪府　　　郡市　　　区・町　　　番（所有者　　　　　　　）

③ 　　府県　　　郡市　　　区・町　　　番（所有者　　　　　　　）

申立内容の概要 及び 紛争の実情	1．申立ての理由（具体的な状況） 　①紛争の実情とその経過 　②現在の土地の占有状況（利用状況） 　③境界杭又は建物や堀等の現状
概略図	1．申立人が主張する主張線又は，土地の範囲を概略図に赤色線で記載して下さい。 2．相手方が主張する主張線又は，土地の範囲を概略図に破線で記載して下さい。 （相手方が具体的な主張がない場合は「不明」と記載して下さい）

（2／3）

第8章　ADR

これまでの項目以外で特に訴えたい事柄や相手方に対し求めたい内容があれば記入してください。

| 添付資料 | 登記事項証明書　　　　住宅地図　　　　公図 |
| | 測量図 |

第4 手続の進め方について

【事例編】

：織田 弁護士　　：徳川 土地家屋調査士

徳川：織田先生，いよいよ調停が始まりましたね。代理人としてADRに関与するのは初めてですので，少し緊張します。

織田：大丈夫ですよ。さあ，説明が始まります。

調停員：調停を開始する前に，この手続の概要についてご説明申し上げます。お手元の手続説明書をご覧いただきながら，お聞きください。なお，本件は，相談手続を省略して調停を行うこととなりましたので，調停の部分の説明をご覧ください。

（中略）

説明は以上となりますが，ご理解いただけたでしょうか。

織田：はい。

調停員：それでは，手続説明書の末尾に署名捺印をお願いします。

織田：分かりました。それでは，ここは申立人である乙山さんに直接，ご署名いただきましょうか。

乙山：はい。

（調停開始）

第8章　ADR

【解説編】

1 手続説明書について

　境界問題相談センターおおさかにおいて使用している手続説明書は，図27のとおりである。この内容の説明には相応の時間を要するが，当事者にセンターの手続を正確に理解していただくことは不可欠であるため，各項目ごとに丁寧な説明を心がけている。

2 調停の進め方

　境界問題相談センターおおさかでは，調停手続の進め方については基本的に調停員3名に一任しており，運営委員等が関与することはない。

　調停の進め方については，「①調停員が主導する形で積極的に『あるべき結論』を提示し，当事者を説得してそれに近い合意に導こうとするモデル」と，「②調停員は当事者による自律的な話合いの促進に注力し，合意内容は基本的に当事者の対話に委ねるモデル」が対比され，どちらが好ましいかといった形で語られる場合がある。また，当事者同士を同席させるか，あるいは個別に事情の聴き取りを行うかという点についても，いずれが望ましいかという議論がなされることがある。

　しかし，こうした点については，事件の性質，当事者の知識や性格，代理人の有無，当事者間の対立の程度等の様々な要素によって左右され得るものであるから，境界問題相談センターおおさかでは，特定のモデルや事情聴取の方式を定めず，具体的にどのように手続を進めるかについては調停員に委ねている。

　境界問題相談センターおおさかでは，相談員や調停員の知識や技量等の向上のため，定期的に研修を開催している。境界関連の知識に関する研修から，ADRの手続技法に関するもの，倫理に関するもの，センターの規

則等に関するものまで，幅広く研修を実施している。

図27　手続説明書

手続説明書

１．手続実施者の選任に関する事項

（1）相談

　　相談員候補者名簿から土地家屋調査士１名及び弁護士１名を選任します。

（2）調停・簡易調停

　　調停員候補者名簿から土地家屋調査士２名及び弁護士１名を選任します。
ただし，当事者双方から申出があったときは，その申し出を尊重して特定の調
停員を選任することができます。

２．紛争の当事者が支払う報酬又は費用に関する事項

（1）相談

①相談手数料　相談申出人は，相談の申出のときに，相談手数料として１時間
　　あたり8,400円をお支払いいただきます。相談時間を延長された
　　場合は，30分あたり2,100円をお支払いいただきます。なお，２
　　回目（継続相談）以降も同様です。

②基本調査費　登記所からの不動産登記簿謄本の交付申請及びその受領，又は
　　備付図面の謄写，図面の取り寄せ等の基本調査を実施する場合は
　　31,500円を予約していただきます。但し，調査の内容が複雑な場
　　合には追加してお支払いいただくことが有ります。なお，調査に
　　必要な実費（公租公課等）は別途ご負担いただきます。

（2）調停・簡易調停

①調停申立手数料　調停申立人には，調停申立のときに，申立手数料として
　　10,500円及び第１回期日手数料として10,500円，合計21,000円を
　　お支払いいただきます。

②期日手数料　当事者双方には，次回期日を指定したときから７日以内に，第
　　２回期日以降の期日手数料として，各自10,500円をお支払いいた
　　だきます。なお，当事者双方の合意により，期日手数料の負担割
　　合を定めることができます。その場合は，それぞれの負担割合に
　　従って期日手数料を納付していただきます。

③成立手数料　当事者双方には，調停成立後７日以内に，成立手数料として
　　210,000円を基本とし，原則として折半してお支払いいただきま
　　す。なお，当センターの定める基準に従って加算することが有り
　　ます。又，当事者双方の合意により，成立手数料の負担割合を定
　　めることができます。

第8章 ADR

　　　　　　　　　※簡易調停の場合は不要です。
(3)　相談・調停手続の補助業務
　　調査・測量・鑑定費用を必要とする場合には，事前に積算基準及び概算見積
　りを当事者双方に提示し，双方の承諾があれば，作業実施までに見積額を予納
　していただきます。業務終了後に精算いたします。状況に応じ増減の可能性も
　あります。なお，当事者双方の合意により，負担割合を定めることができます。

(4)　その他の費用
　　担当調停員が，調停実施に要する出張をした場合，それに伴う旅費・宿泊費
　その他の費用については，担当調停員が当事者の同意を得て定めた当事者の負
　担額を，本センターへお支払いいただきます。

＊合意書作成後の費用＊
　　和解の内容により境界標の設置費用，登記費用，印紙代及び和解内容を履行
　するための諸費用が必要となる場合は，各自別途負担となります。

3．相談及び調停手続の開始から終了に至るまでの標準的な手続の進行
本センター相談及び調停手続の標準的な進行は，別紙流れ図①の通りです。
簡易調停の場合は，別紙流れ図②の通りです。

4．非公開及び守秘義務
①　本センターが行う相談及び調停は，非公開です。ただし，担当相談員及び担
　当調停員は，相談申出人または調停申立人及びその相手方の双方が同意し，か
　つ相当と認める場合は，第三者の傍聴を許可することができます。
②　相談員，調停員，運営委員，本会の役員，測量・調査又は鑑定実施員，その
　他事務職員等は，相談・調停手続中及び手続後に，相談及び調停手続に関する
　情報を外に漏らしてはなりません。その職を退いた後も同様です。
③　本センター長は，本センター職員の中から文書管理責任者を任命し，相談記
　録並びに手続実施記録を保管させ，盗難又は不正アクセスを防止するための文
　書管理を行わせます。

5．調停の終了
調停は以下の場合に終了します。
①　和解の成立による終了
②　和解の成立以外による終了
　(ア)　申立の取り下げによる終了
　　　申立人は申立を取下げることにより終了させることができます。
　(イ)　調停員の判断による終了
　　　調停員が，和解が成立する見込みがないと判断した場合，事案が和解に適
　　さないと判断した場合にも終了させることができます。

６．和解が成立した場合の書面の作成について

　当事者間において和解が成立した場合，本センターはその内容及び成立の年月日を記載した和解契約書を作成し，当事者が署名押印するとともに，担当調停委員が，和解契約成立の立会人として署名押印します。

　通常，和解契約書は当事者の数に当センターが保有する１通を加えた数の原本を作成します。

　当事者に直接交付するか，または配達証明付郵便により交付するものとします。

７．記録の閲覧，謄写の請求について

①　本センターが保存する手続実施記録は，当事者双方の同意がない限り，第三者には公開しません。

②　当事者又はこれらの立場にあった者（これらの一般承継人を含む。以下同じ。）は，調停に関する書類を紛失した等の理由がある場合には，本センターに対し，調停の過程において自ら又は相手方当事者が本センターに提出した書面，証拠書類及び資料又は和解契約書に限り，閲覧又は謄写（以下「閲覧等」という。）を求めることができます。ただし，閲覧等の請求の内容に他方の当事者が提出した資料が含まれている場合には，当該資料を提出した当事者又はこれらの立場にあった者の承諾がある場合に限り，当該資料の閲覧等が出来るものとします。

　なお，閲覧謄写においては，下記の費用をご負担いただきます。

〔手続実施記録の閲覧・謄写手数料〕（センター費用規程第10条）

　　閲覧手数料は１件につき1,000円

　　謄写手数料はＡ３サイズまでは，　１枚100円

　　　　Ａ２サイズ　　　　　　　１枚500円

　裁判外紛争解決手続の利用促進に関する法律第14条の規定に基づき，以上の内容を

　　　　　　　　　（説明者氏名）　　　　　　　　　　が説明しました。

　以上のことについて説明を受け，疑問点について適切な回答を得ました。

　　　　　　　　　　　　　　　　　　　平成　　　年　　　月　　　日

　　　　　　　　　　　　　　　（申立人・相手方）　　　　　　　　　　印

第8章　ADR

第5 和解契約書の作成

【事例編】

：織田 弁護士　　：徳川 土地家屋調査士

（調停成立間近の場面）

調停員：申立人の乙山さん，代理人の織田先生，徳川先生，そして相手方の甲野さん，補佐人の豊臣先生，皆様のご尽力によりまして，何とか合意成立の見込みとなりました。ありがとうございます。それでは，合意内容を和解契約書という形にまとめたいと思いますので，まず，骨子を確認させていただきます。間違いなどありましたら，ご指摘ください。

1　申立人と相手方は，別紙物件目録記載1の土地（以下「本件土地1」という。）と同目録記載2の土地（以下「本件土地2」という。）の筆界に関する筆界特定手続（大阪法務局平成27年第○号）による筆界特定の結果を尊重する。
2　申立人と相手方は，本件土地2のうち別紙図面のＡＢＤＣＡの各点を順次直線で結んだ土地（以下「係争地」という。）の所有権が申立人に存することを確認する。
3　相手方は，本件土地2のうち係争地を分筆する旨の登記を行う。ただし，登記に要する費用は申立人の負担とする。
4　申立人と相手方は，相手方が申立人に対し，本日付売買を原因として係争地の所有権を移転する旨の登記手続を行う。
5　申立人は，相手方に対し，本件解決金として○○万円の支払い義務のあることを認め，本和解の席上でこれを交付し，相手方はこれを受領した。

213

6 申立人と相手方は，別紙図面のC及びDの各点に境界標としてコンクリート杭を設置する。設置費用は双方が2分の1ずつ負担する。

7 申立人と相手方は，前項の境界標を尊重するとともに，相互に他方の所有権を侵害する行為をしない。

8 申立人と相手方は，本件紛争が円満に解決したことを確認し，今後，良好な近隣関係の形成に努める。

9 申立人と相手方とは，本件に関し，本和解契約書に定めるものを除き，申立人と相手方との間に何らの債権債務の存在しないことを相互に確認する。

10 申立人及び相手方は，本件調停において支出費用が，以下のとおりであることを互いに確認する。

　　① 申立人　調停申立手数料　金2万1000円

　　　　　　　調停期日手数料　金　　　　円

　　② 相手方　調停期日手数料　金　　　　円

　　③ 調査・測量・鑑定費用　　金　　　　円

　　　そのうち，申立人負担額　金　　　　円

　　　　　　　相手方負担額　　金　　　　円

　　④ 調停成立手数料　　　　　金　　　　円

　　　そのうち，申立人負担額　金　　　　円

　　　　　　　相手方負担額　　金　　　　円

11 申立人と相手方は，前項の費用を含め，本調停手続において各自が支出した費用については，各自の負担とすることに合意する。

12 申立人及び相手方は，本日，本和解契約を持って，本件調停手続が終了したことを相互に確認する。

こういった内容でいかがでしょうか。

第8章　ADR

> **織田：**（乙山さん及び徳川先生に確認した上で）この内容で結構です。
>
> **調停員：**相手方の甲野さんはいかがでしょうか。
>
> **甲野：**（補佐人である豊臣調査士と相談した上で）はい，この内容で結構です。
>
> **調停員：**それでは，読み上げた内容で和解契約書を作成しますので，印鑑をご準備いただき，待合室で少しお待ちください。

【解説編】

1　調停で合意に至った場合，境界問題相談センターおおさかでは，図28のような書式の和解契約書を作成している。

2　ADR機関での和解は，あくまでも当事者間の私的な合意にすぎず，既判力や執行力は認められていない。したがって，例えば，ADR機関での所有権の所在に関する合意は無効であると主張して訴訟を提起することは，理論上は可能である。

　ただし，境界問題相談センターおおさかの和解契約書には，弁護士1名及び土地家屋調査士2名の調停員がいわば和解成立を確認した証人的な立場で署名することから，事実上，訴訟等において，和解が無効であると判断される可能性は極めて小さいものと思われる。

　他方，執行力が認められていないため，和解契約書での合意に違反する事態が生じた場合，当事者は，和解内容の実現を求めるためには訴訟を提起する必要がある。この点は，現在のADR制度自体に内在する課題であると言わざるを得ない。今後，全国のADR機関が信頼と実績を積み重ねることができれば，執行力等の効果が付与される日も到来するかもしれない。

215

図28　和解契約書

和　解　契　約　書

　本調停事件につき，その当事者である下記申立人と相手方は，本日，別紙調停和解条項のとおり和解したことを互いに確認し，その証として本書3通を作成し，申立人，相手方及び境界問題相談センターおおさかが各1通を所持する。

事件番号及び当事者の表示	平成　　年（T）第　　号 　　申立人 　　相手方		
申　立　の　表　示	別紙のとおり		
調停成立期日	平成　　年　　月　　日　　午前・午後　　時　　分		
場　　　　　所	大阪市中央区北新町3番5号 大阪土地家屋調査士会 境界問題相談センターおおさか		
当事者	申　立　人	（住所） （氏名）　　　　　　　　　　　　　　　　　　印	
	相　手　方	（住所） （氏名）　　　　　　　　　　　　　　　　　　印	
調停員	氏　　名	境界問題相談センターおおさか 　　弁　　護　　士 　　土地家屋調査士 　　土地家屋調査士	

（1／3）

第8章　ADR

申　立　の　表　示

　申立人所有の下記(1)の土地とそれに接する相手方所有の下記(2)の土地との境界に関する紛争の調停

記

(1)　申立人所有地

(2)　相手方所有地

以上

（2／3）

和 解 条 項

1

2

3

4

5 申立人及び相手方は，本件調停において支出した費用が，以下のとおり
であることを互いに確認する。
　　　　　①申立人　調停申立手数料　　金　　　　　　円
　　　　　　　　　　調停期日手数料　　金　　　　　　円
　　　　　②相手方　調停期日手数料　　金　　　　　　円
　　　　　③調査・測量・鑑定費用　　　金　　　　　　円
　　　　　　そのうち，申立人負担額　　金　　　　　　円
　　　　　　　　　　　相手方負担額　　金　　　　　　円
　　　　　④調停成立手数料　　　　　　金　　　　　　円
　　　　　　そのうち，申立人負担額　　金　　　　　　円
　　　　　　　　　　　相手方負担額　　金　　　　　　円

6 申立人と相手方は，前項の費用を含め，本調停手続きにおいて各自が支
出した費用については，各自の負担とすることに合意する。

7 申立人及び相手方は，本日，本和解契約をもって，本件調停手続きが終
了したことを互いに確認する。

以上

第6 後日談

【事例編】

：織田 弁護士　　：徳川 土地家屋調査士

織田：徳川先生，無事，分筆・移転登記も完了しました。お世話になりまして，ありがとうございました。

徳川：こちらこそ貴重な経験をさせていただき，ありがとうございました。

織田：正直なところ，調査士会ADRで大丈夫かなと不安に感じる部分もあったのですが，相手方の甲野さんにも合意どおりに対応していただくことができましたし，本当に良かったです。

徳川：お互いに十分に話し合い，納得して合意したわけですから，約束を守ってもらえる可能性は高いといえるかもしれませんね。判決だとそうもいかないのではないですか。

織田：そうなんですよ。先日も1,000万円支払えという判決をもらうことができたのですが，払ってもらえる様子もなくて，どうやって強制執行しようかと頭が痛いです。そんなことはともかく，今夜は祝杯といきませんか。

徳川：それでは，代理人に中立性が求められるかという議論の続きもさせていただくということで……。

編集後記

　筆界特定制度が創設されて約10年が経過しました。制度として定着し，筆界確定訴訟の中でも利用されるようになっています。また，調査士型ADRも全国的に整備され，筆界特定制度との連携についてもその重要性が指摘されています。

　弁護士及び土地家屋調査士が，土地境界紛争を処理するに際しては，公図の性質等の専門的な知識を理解した上で，各制度の関連性を意識して問題解決に対応する必要があります。

　したがって，各制度の関連性を明確にした上で，基本的な専門知識をわかりやすく解説した初心者向けの参考図書はその必要性が高いと思われますが，これまで適切なものが存在していませんでした。そこで，「境界問題相談センターおおさか」では図書編集委員会を設置し，弁護士委員と土地家屋調査士委員が協力して，初心者にも理解できる参考図書を発刊することを企画しました。

　本書は，各章が事例編と解説編に分かれており，最初に事例編を通して読んでいただくことで，土地境界紛争解決までの一連の流れを理解していただけると思います。その上で，解説編を読んでいただければ，より一層理解が深まると思います。

　本書が，土地境界紛争に携わる皆さんの参考図書として広く利用されることを編集委員会としては期待しています。

　末尾になりますが，本書発刊に際しては，日本加除出版株式会社の盛田大祐氏に大変お世話になりました。図書編集委員会を代表して心から謝意を表します。

「境界問題相談センターおおさか」運営委員会

委員長　中村　吉男

事例解説　境界紛争
解決への道しるべ

定価：本体 2,300円（税別）

平成28年4月8日　初版発行

編　集　大阪土地家屋調査士会
　　　　「境界問題相談センターおおさか」

発行者　尾　中　哲　夫

発行所　日 本 加 除 出 版 株 式 会 社

本　　社　郵便番号 171-8516
　　　　　東京都豊島区南長崎3丁目16番6号
　　　　　ＴＥＬ　（03）3953 - 5757（代表）
　　　　　　　　　（03）3952 - 5759（編集）
　　　　　ＦＡＸ　（03）3953 - 5772
　　　　　ＵＲＬ　http://www.kajo.co.jp/

営 業 部　郵便番号 171-8516
　　　　　東京都豊島区南長崎3丁目16番6号
　　　　　ＴＥＬ　（03）3953 - 5642
　　　　　ＦＡＸ　（03）3953 - 2061

組版・印刷・製本　㈱倉田印刷

落丁本・乱丁本は本社でお取替えいたします。
© 2016
Printed in Japan
ISBN978-4-8178-4295-4 C2032 ¥2300E

JCOPY 〈出版者著作権管理機構　委託出版物〉
　本書を無断で複写複製（電子化を含む）することは，著作権法上の例外を除き，禁じられています。複写される場合は，そのつど事前に出版者著作権管理機構（JCOPY）の許諾を得てください。
　また本書を代行業者等の第三者に依頼してスキャンやデジタル化することは，たとえ個人や家庭内での利用であっても一切認められておりません。

〈JCOPY〉　ＨＰ：http://www.jcopy.or.jp/，e-mail：info@jcopy.or.jp
　　　　　　電話：03-3513-6969，FAX：03-3513-6979

第一人者による、明晰・詳細な実務解説
境界問題を扱う上での必読書！

信頼のベストセラー！

境界の理論と実務

寳金敏明 著

2009年4月刊 A5判上製 608頁 本体5,700円＋税 978-4-8178-3815-5 商品番号：40310 略号：境理

- ●各種境界実務につき、横断的に把握・検討できる一冊。
- ●土地境界の現地調査に限らず、境界の生成過程、地図や図面などの精度、筆界特定制度や境界に関する裁判・協議などについても解説。
- ●全387件に及ぶ多数の裁判例を踏まえ、それぞれの実務を豊富な経験に則して丁寧に分析。

【収録内容】

第1編　境界の基礎知識
第1章　境界概念の多様性
第2章　境界の移動
第3章　境界標識

第2編　境界判定の手法
第1章　境界判定の手法の概要
第2章　筆界判定の証拠資料等

第3編　境界立会
第1章　立会・承認についての基礎知識
第2章　所有権界についての立会・承認の適格を有する者
第3章　筆界についての立会・承認の適格
第4章　隣接地の所有者の判定

第4編　境界に関する協議
第1章　民間相互の境界協議
第2章　公有財産についての公民境界確定協議
第3章　国有財産についての官民境界確定協議等

第5編　筆界特定・筆界認定等
第1章　筆界特定
第2章　分筆・地積更正・地図訂正等における筆界認定

第6編　地籍調査
第1章　地籍調査の目的
第2章　地籍調査の一般的手順
第3章　地籍調査の効果
第4章　地籍調査の問題点
第5章　都市部の地籍調査における特則（平成地籍整備事業）

第7編　境界に関する裁判
第1章　境界に関する私人間の裁判
第2章　所有権確認訴訟（所有権の範囲の確認訴訟）
第3章　筆界確定訴訟
第4章　筆界認定に対する取消訴訟等
第5章　表示登記に係る民事訴訟

日本加除出版

〒171-8516　東京都豊島区南長崎 3 丁目16番 6 号
TEL (03)3953-5642　FAX (03)3953-2061 （営業部）
http://www.kajo.co.jp/